Das Erste Touristische Lesebuch für Anfänger

Elisabeth May

Das Erste Touristische Lesebuch für Anfänger

Stufe A1

Zweisprachig mit Englisch-deutscher Übersetzung

Das Erste Touristische Lesebuch für Anfänger
von Elisabeth May

Audiodateien www.lppbooks.com/English/ETLA

Homepage www.audiolego.com

Umschlaggestaltung: LPP Design
Umschlagfoto: Canstockphoto

Druck: KN Digital Printforce GmbH, Ferdinand-Jühlke-Straße 7, 99095 Erfurt

Table of contents

Inhaltsverzeichnis

Englisches Alphabet

Die englische Sprache wird im lateinischen Alphabet geschrieben. Es besteht aus denselben 26 Buchstaben, aus denen auch das deutsche Alphabet besteht. Sie werden jedoch anders ausgesprochen.

Sonderzeichen (außer: Apostroph, z.B. He'll...), Akzente und diakritische Zeichen kennt die englische Schrift nicht.

Buchstabe	Name	Aussprache (IPA)	Buchstabe	Name	Aussprache (IPA)
Aa	*a*	/eɪ/	Oo	*o*	/oʊ/
Bb	*bee*	/biː/	Pp	*pee*	/piː/
Cc	*cee*	/siː/	Qq	*cue*	/kjuː/
Dd	*dee*	/diː/	Rr	*ar*	/ɑr/
Ee	*i*	/iː/	Ss	*ess*	/ɛs/
Ff	*ef*	/ɛf/	Tt	*tee*	/tiː/
Gg	*gee*	/dʒiː/	Uu	*u*	/juː/
Hh	*aitch*	/eɪtʃ/	Vv	*vee*	/viː/
Ii	*ei*	/aɪ/	Ww	*double-u*	/'dʌbljuː/
Jj	*jay*	/dʒeɪ/	Xx	*ex*	/ɛks/
Kk	*kay*	/keɪ/	Yy	*wy* oder *wye*	/waɪ/
Ll	*el*	/ɛl/	Zz	zed; zee im Amer.	/zɛd; ziː/
Mm	*em*	/ɛm/			
Nn	*en*	/ɛn/			

Vokalgruppen

En	De	Beschreibung	Beispiele
ai	ey	langes e, das in "i" übergeht	air (Lüft)
aw	o:	offenes, langes o	paw (Pfote)
ei	ey	langes e, das in "i" übergeht	eight (acht)
ei	ei	wie in Eifer	either (weder)
ei	i:	langes i, wie in Lied	deceit (Betrug)

ea	i:	langes i, wie in Lied	eat (essen)
ea	ä	offenes, kurzes ä	beaver (Biber)
ee	i:	langes i, wie in Lied	bee (Biene)
ie	ie	langes i, wie in Lied	believe (glauben)
ia	eia	das i (ei) und das a (ä) getrennt ausgesprochen	liability (Verpflichtung)
ia	iä	kurzes i und kurzes ä	billiard (Billard)
eu	ju	wie in jung	Euro (Euro)
ew	ju	wie in jung	new (neu)
ue	ju:	wie in jung	due (gültig)
oo	u	langes u, wie in Jugend	foot (Fuß)

Konsonantengruppen

En	De	Beschreibung	Beispiele
ch	tsch	wie checken	chat (Unterhaltung)
ch	k	wie Kranz	chemical (chemisch)
ck	k	wie Nacken	lock (Schloss)
gh	f	wie in kaufen	laugh (lachen), enough (genug)
gh	-	ohne Betonung	through (durch)
ng	ng	wie springen	sing (singen)
qu	kw	wie Quitte, mit schwach betontem w	quit (beenden)
sh	sch	wie lauschen	cash (Bargeld)
sp	sp	ein echtes sp	sport (Sport)
st	st	ein echtes st	stock (Aktienkapital)
th		weicher Laut	the (der, die, das)
th		harter Laut	theater (Theater)

Die englischen Laute in der Internationalen Lautschrift

Vokale

	Beispiele	Aussprache
ʌ	nut [nʌt] come [kʌm]	leicht geschlossenes ungerundetes a
ɑː	start [stɑːt] park [pɑːk]	ungerundeter offener Hinterzungenvokal
æ	bat [bæt] cat [kæt]	ungerundeter fast offener Vorderzungenvokal
ə	printer ['prɪntə]	wie das End-e in Katze, bitte
e	pet [pet] get [get]	ä wie in Bär, Käse
ɜː	earn [ɜːn] firm [fɜːm]	etwa wie ir in Wirt, aber offener
ɪ	bin [bɪn] big [bɪg]	kurzes i wie in Tisch
iː	meet [miːt] sea [siː]	langes i wie in biegen
ɔ	box [bɔks] want [wɔnt]	gerundeter halboffener Hinterzungenvokal
ɔː	door [dɔː] source [sɔːs]	wie oo in boot
ʊ	cook [kʊk] good [gʊd]	kurzes u wie in Nummer
uː	two [tuː] cool [kuːl]	langes u wie in Blut, aber offener

Vokale, silbig

	Beispiele	Aussprache
aɪ	bike [baɪk] kind [kaɪnd]	etwa wie ei in Rein
aʊ	house [haʊs] round [raʊnd]	von /a/ zu /ʊ/ gleiten
əʊ	home [həʊm] go [gəʊ]	von /ə/ zu /ʊ/ gleiten
eə	care [keə] bear [beə]	von /e/ zu /ə/ gleiten
eɪ	game [geɪm] day [deɪ]	von /e/ zu /ɪ/ gleiten
ɪə	dear [dɪə] beer [bɪə]	von /ɪ/ zu /ə/ gleiten
ɔɪ	oil [ɔɪl] boy [bɔɪ]	etwa wie eu in neu
ʊə	poor [pʊə] tour [tʊə]	etwa wie uh in Kuh

Konsonanten

	Beispiele	Aussprache
j	year [jiə] few [fjuː]	wie j in Junge
w	want [wɔnt] way [weɪ]	wie u in Bauer
ŋ	gang [gæŋ] king [kɪŋ]	wie ng in lang
r	carry ['kæri] room [ruːm]	stimmhafter Vibrant
s	sad [sæd] face [feɪs]	stimmloses s wie in Pasta
z	is [ɪz] zero ['zɪərəʊ]	stimmhaftes s wie in Hase
ʃ	cash [kæʃ] station ['steɪʃn]	wie sch in Schale
tʃ	chain [tʃeɪn] much [mʌtʃ]	wie tsch in Tschüss
ʒ	conclusion [kən'kluːʒn]	wie j in Journal
dʒ	jam [dʒæm] general ['dʒenrəl]	wie in Job
θ	month [mʌnθ] thanks [θæŋks]	stimmloser dentaler Frikativ
ð	this [ðɪs] father ['fɑːðə]	stimmhafter dentaler Frikativ
v	drive [draɪv] very ['verɪ]	etwa wie w in wir

Betonungszeichen

ː bedeutet, dass der vorhergehende Vokal lang zu sprechen ist

ˈ Hauptbetonung (bedeutet, dass die nachfolgende Silbe betont gesprochen wird)

ˌ Nebenbetonung (bedeutet, dass die nachfolgende Silbe betont gesprochen wird)

So steuern Sie die Geschwindigkeit der Audiodateien

Das Buch ist mit den Audiodateien ausgestattet. Die Adresse der Homepage des Buches, wo Audiodateien zum Anhören und Herunterladen verfügbar sind, ist am Anfang des Buches auf der bibliographischen Beschreibung vor dem Copyright-Hinweis aufgeführt. Mithilfe von QR-Codes kann man im Handumdrehen eine Audiodatei aufrufen, ohne Webadressen manuell eingeben. Öffnen Sie einfach ihre Kamera-App und halten ihr Smartphone über den gedruckten QR-Code. Ihr Smartphone erkennt was sich hinter dem Code verbirgt und bittet Sie dem eingescannten Audiodateilink zu folgen.

Wir empfehlen Ihnen, den kostenlosen VLC-Mediaplayer zu verwenden, die Software, die zur Steuerung der Wiedergabegeschwindigkeit aller Audioformate verwendet werden kann. Die Steuerung der Geschwindigkeit ist auch einfach und erfordert nur wenige Klicks oder Tastatureingaben.

What is this?

Was ist das?

Words

Vokabeln

1. above [ə'bʌv] - über
2. airplane ['eəpleɪn] - das Flugzeug
3. airport ['eəpɔːt] - der Flughafen
4. and [ænd] - und
5. attractive [ə'træktɪv] - attraktiv
6. bad [bæd] - schlimm, schlecht

7. bar [bɑ:] - die Bar
8. be (am / is / are) [bɪ əm ɪz ɑ:] - sein (bin / bist / ist / sind / seid)
9. beautiful ['bju:təfəl] - schön
10. behind [bɪ'haɪnd] - hinter
11. big [bɪg] - groß
12. bridge [brɪdʒ] - die Brücke
13. bus [bʌs] - der Bus
14. bus station [bʌs 'steɪʃən] - der Busbahnhof
15. cafe ['kæfeɪ] - das Café
16. cash register [kæʃ 'redʒɪstə] - die Kasse; der Kassenautomat
17. center ['sentə] - das Zentrum
18. cheap, inexpensive [tʃi:p | ˌɪnɪk'spensɪv] - billig, günstig
19. city ['sɪtɪ] - die Stadt
20. clean [kli:n] - sauber
21. comfortable, convenient ['kʌmftəbəl | kən'vi:nɪənt] - bequem
22. dirty ['dɜ:tɪ] - schmutzig
23. expensive [ɪk'spensɪv] - teuer
24. for, to [fɔ: | tu:] - für
25. from [frɔm] - von
26. good [gʊd] - gut
27. he [hɪ] - er
28. hotel [ˌhoʊ'tel] - das Hotel
29. hour ['aʊə] - die Stunde
30. how much, how many ['haʊ 'mʌtʃ | 'haʊ mənɪ] - wie viel, wie viele
31. in, into [ɪn | 'ɪntə] - in, hinein
32. is (located) [ɪz loʊ'keɪtɪd] - ist, befindet sich
33. it [ɪt] - es
34. little table ['lɪtəl 'teɪbəl] - der Beistelltisch
35. long ['lɔŋ] - lang
36. menu ['menju:] - die Speisekarte
37. Monday ['mʌndeɪ] - der Montag
38. morning ['mɔ:nɪŋ] - der Morgen
39. nine [naɪn] - neun
40. now [naʊ] - jetzt
41. number ['nʌmbə] - die Nummer
42. on [ɔn] - auf
43. park [pɑ:k] - der Park
44. place, seat ['pleɪs | si:t] - der Platz, der Sitz
45. railway(s) ['reɪlweɪ(s)] - die Eisenbahn
46. restaurant ['restrɔnt] - das Restaurant
47. river ['rɪvə] - der Fluss
48. Rome [roʊm] - Rom
49. route, path [ru:t | pɑ:θ] - der Weg, die Route, die Strecke
50. she [ʃɪ] - sie (sing.)
51. ship [ʃɪp] - das Schiff
52. small [smɔ:l] - klein
53. Spain [speɪn] - Spanien
54. square [skweə] - der Platz
55. stand [stænd] - stehen
56. station ['steɪʃən] - der Bahnhof
57. stop [stɔp] - die Haltestelle
58. store, shop [stɔ: | ʃɔp] - das Kaufhaus, das Geschäft
59. street [stri:t] - die Straße
60. suburb ['sʌbɜ:b] - der Vorort
61. taxi ['tæksɪ] - das Taxi
62. this, that, it [ðɪs | ðæt | ɪt] - das, dies, es
63. ticket ['tɪkɪt] - die Fahrkarte
64. time ['taɪm] - die Zeit

65. today [tə'deɪ] - heute
66. train [treɪn] - der Zug
67. tram [træm] - die Straßenbahn
68. trolleybus ['trɔlɪbʌs] - der Oberleitungsbus, der Obus
69. until, till, to [ʌn'tɪl | tɪl | tu:] - bis
70. very ['verɪ] - sehr
71. weather ['weðə] - das Wetter
72. what ['wɔt] - was
73. which, what [wɪtʃ | 'wɔt] - welche
74. white [waɪt] - weiß
75. wide [waɪd] - breit
76. yes [jes] - ja

Break the ice

Brich das Eis

It is winter. It is snowy and slippery outside. The dad comes home from work. "The weather is terrible! It is very slippery. I fell two times," he says to the mom. His pants have several wet spots. The dad is unhappy. At this moment the little son comes home from school. "It is so cool outside!" the son cries happily. "It is very slippery. I fell two times!" The son is very happy.

Es ist Winter. Draußen ist es verschneit und rutschig. Der Vater kommt von der Arbeit nach Hause.
„Das Wetter ist schrecklich! Es ist sehr rutschig. Ich bin zweimal gestürzt", sagt er zu der Mutter. Seine Hose hat mehrere nasse Flecken. Der Vater ist unglücklich. In diesem Moment kommt der kleine Sohn von der Schule nach Hause.
„Es ist so toll draußen!" schreit der Sohn glücklich. „Es ist sehr rutschig. Ich bin zweimal gestürzt!" Der Sohn ist sehr glücklich.

1

- Is it Monday today?
- Yes it is. It is Monday today.
- What time is it?
- It is nine o'clock in the morning.
- What is the weather like today?
- The weather is good today.

1

- Ist heute Montag?
- Ja. Heute ist Montag.
- Wie spät ist es?
- Es ist neun Uhr früh.
- Wie ist das Wetter heute?
- Heute ist das Wetter schön.

2

- What is this?
- This is a hotel. It is big. It is located in the park. The hotel is good.
- What is this?
- This is a room. It is big. It is located in the hotel. The room is expensive and beautiful.

2

- Was ist das?
- Das ist ein Hotel. Es ist groß. Es befindet sich in einem Park. Das Hotel ist gut.
- Was ist das?
- Das ist ein Zimmer. Es ist groß. Es ist in einem Hotel. Das Zimmer ist teuer und schön.

3

- What is this?
- This is a park. It is small. It is located in the city. The park is beautiful.
- What is this?
- This is a street. It is wide and long. It is located in the center. The street is clean.
- What is this?
- This is a square. It is big. It is located in the center. The square is attractive.
- What is this?
- This is a bridge. It is small. It crosses the river. The bridge is beautiful.

3

- Was ist das?
- Das ist ein Park. Er ist klein. Er liegt in der Stadt. Der Park ist schön.
- Was ist das?
- Das ist eine Straße. Sie ist breit und lang. Sie liegt im Zentrum. Die Straße ist sauber.
- Was ist das?
- Das ist ein Platz. Er ist groß. Er liegt im Stadtzentrum. Der Platz ist attraktiv.
- Was ist das?
- Das ist eine Brücke. Sie ist klein. Sie führt über einen Fluss. Die Brücke ist schön.

4

- What plane is this?
- This plane goes to Spain. It is big. It is standing at the airport. The plane is

4

- Was für ein Flugzeug ist das?
- Dieses Flugzeug fliegt nach Spanien. Es ist groß. Es steht auf dem Flugplatz. Das Flugzeug

expensive.
- What kind of a bus is this?
- This is a bus to the city center. It is big and white. It is standing at the bus station. The bus is comfortable.
- What train is this?
- This is a train to Rome. It is long. It is at the railway station. The train is clean.

5

- What is this?
- This is a seat. It is comfortable. It is in the train. The seat is clean.
- What is this?
- This is a ticket. It is for the bus. It is from the cash register. The ticket is cheap.

6

- What kind of ship is this?
- This is a ship to Barcelona. It is big. The ship is attractive.

7

- What kind of restaurant is this?
- This is an expensive and beautiful restaurant. It is big and good. It is located at the square.
- What kind of bar is this?
- This is a small bar. It is on the street. The bar is bad.

8

- What kind of cafe is this?
- This is a cheap and good cafe. It is small. It is located in the park.

9

- What is this?
- This is a table. It is small and white. It is located in the cafe. The table is clean.

ist teuer.
- Was für ein Bus ist das?
- Das ist ein Bus zum Stadtzentrum. Er ist groß und weiß. Er steht am Busbahnhof. Der Bus ist bequem.
- Was für ein Zug ist das?
- Das ist der Zug nach Rom. Er ist lang. Er steht auf dem Bahnhof. Der Zug ist sauber.

5

- Was ist das?
- Das ist ein Sitzplatz. Er ist bequem. Er ist im Zug. Der Sitz ist sauber.
- Was ist das?
- Das ist eine Fahrkarte. Sie ist für den Bus. Sie ist von dem Kassenautomaten. Die Fahrkarte ist billig.

6

- Was für ein Schiff ist das?
- Das Schiff fährt nach Barcelona. Es ist groß. Das Schiff ist attraktiv.

7

- Was für ein Restaurant ist das?
- Das ist ein teures und schönes Restaurant. Es ist groß und gut. Es befindet sich auf dem Marktplatz.
- Was für eine Bar ist das?
- Das ist eine kleine Bar. Sie liegt an der Straße. Die Bar ist schlecht.

8

- Was für ein Café ist das?
- Das ist ein billiges und gutes Café. Es ist klein. Es befindet sich im Park.

9

- Was ist das?
- Das ist ein Tisch. Er ist klein und weiß. Er

- What is this?
- This is a menu. It is long. It is from the restaurant. The menu is good.

10

- What kind of shop is this?
- This shop is cheap. It is big and clean. It is located in the city.

11

- What is this?
- This is a cash register. It is small. It is located in the store. The cash register is good.

12

- What kind of tram is this?
- This is a tram to the bus station. It is long. It is standing at the stop. The tram is white.
- What kind of trolley is this?
- This is a trolley to the park. It is big. It is standing at the bus stop. The trolley is clean.

13

- What is this?
- This is a taxi. It is clean. It is standing in the street. The taxi is expensive.
- What is this?
- This is the airport. It is very big. It is located in the suburb. The airport is nice and clean.
- What is this?
- This is a railway station. It is small. It is dirty.

14

- What is this?
- This is a bus station. It is big. It is located at the square. The bus station is clean.

steht in dem Café. Der Tisch ist sauber.
- Was ist das?
- Das ist die Speisekarte. Sie ist lang. Sie ist aus dem Restaurant. Die Speisekarte ist gut.

10

- Was für ein Geschäft ist das?
- Das Geschäft ist billig. Es ist groß und sauber. Es liegt in der Stadt.

11

- Was ist das?
- Das ist ein Kassenautomat. Er ist klein. Er ist in dem Geschäft. Der Kassenautomat ist gut.

12

- Welche Straßenbahn ist das?
- Das ist eine Straßenbahn zum Busbahnhof. Sie ist lang. Sie steht an der Haltestelle. Die Straßenbahn ist weiß.
- Welcher Oberleitungsbus ist das?
- Das ist der Oberleitungsbus zum Park. Er ist groß. Er steht an der Haltestelle. Der Oberleitungsbus ist sauber.

13

- Was ist das?
- Das ist ein Taxi. Es ist sauber. Es steht an der Straße. Das Taxi ist teuer.
- Was ist das?
- Das ist der Flughafen. Er ist sehr groß. Er liegt in dem Vorort. Der Flughafen ist nett und sauber.
- Was ist das?
- Das ist der Bahnhof. Er ist klein. Er ist schmutzig.

14

- Was ist das?
- Das ist der Busbahnhof. Er ist groß. Er liegt am Platz. Der Busbahnhof ist sauber.
- Was ist das?

- What is this?
- This is a bus stop. It is clean. It is located in the city center. The bus stop is small.
- What route is this?
- This is the route to the airport. It is long. It is in the city. It is a bus route.

- Das ist eine Bushaltestelle. Sie ist sauber. Sie liegt im Stadtzentrum. Die Bushaltestelle ist klein.
- Welche Strecke ist das?
- Das ist die Strecke zum Flughafen. Sie ist lang. Sie liegt in der Stadt. Es ist eine Busstrecke.

Who is this woman?

Wer ist diese Frau?

Words

Vokabeln

1. also, too ['ɔ:lsoʊ | tu:] - auch
2. American [ə'merɪkən] - der Amerikaner, die Amerikanerin
3. boy [ˌbɔɪ] - der Junge
4. careful ['keəfʊl] - vorsichtig
5. Chinese [tʃaɪ'ni:z] - der Chinese, die Chinesin, chinesisch (Adj.)
6. English ['ɪŋglɪʃ] - die Engländerin, der Engländer, englisch (Adj.)

7. French [frentʃ] - der Franzose, die Französin, französisch (Adj.)
8. German ['dʒɜːmən] - der Deutsche, die Deutsche, deutsch (Adj.)
9. girl [gɜːl] - das Mädchen
10. guide [gaɪd] - der (die) Fremdenführer(in)
11. high, tall [haɪ | tɔːl] - groß
12. I ['aɪ] - ich
13. Italian [ɪ'tæljən] - der Italiener, die Italienerin, italienisch (Adj.)
14. kind [kaɪnd] - freundlich
15. low [loʊ] - niedrig
16. man [mæn] - der Mann
17. near, at [nɪə | æt] - bei, am
18. no [noʊ] - nein
19. old [oʊld] - alt
20. old man [oʊld mæn] - der alte Mann
21. old woman [oʊld 'wʊmən] - die alte Frau
22. people ['piːpəl] - die Leute
23. slim [slɪm] - schlank
24. Spanish ['spænɪʃ] - spanisch (Adj.)
25. strong [strɔŋ] - stark
26. ten [ten] - zehn
27. there is no [ðə z noʊ] - es gibt kein(e / en)
28. these / those [ðiːz ðoʊz] - diese / jene
29. they ['ðeɪ] - sie (plur.)
30. this / that [ðɪs ðæt] - diese(r), das
31. tourist ['tʊərɪst] - der (die) Tourist(in)
32. Tuesday ['tjuːzdɪ] - der Dienstag
33. where (position) [weə] - wo
34. who [huː] - wer
35. woman ['wʊmən] - die Frau
36. you [jʊ] - du, ihr, Sie
37. young [jʌŋ] - jung

Break the ice

Brich das Eis

"Mommy were you happy when I was born?" little Tom asks.

„Mama, warst du glücklich, als ich geboren wurde?", fragt der kleine Tom.

"Of course, dear. I was happy!" the mom answers.

„Natürlich, Schatz. Ich war glücklich!", antwortet die Mutter.

"I was also glad to meet you," Tom says and hugs his mom.

„Ich war auch froh, dich zu treffen", sagt Tom und umarmt seine Mutter.

1

- Is it Tuesday today?
- Yes, it is Tuesday today.
- What time is it?
- It is ten in the morning now.
- What is the weather like today?
- The weather is nice today, too.

2

- Who is that man?
- That man is American. He's a tourist. He is tall and strong.
- Where is he?
- He is in the room.

3

- Who is this woman?
- This woman is American. She is slim and attractive.
- Where is she?
- She is also in the room.

4

- Who are these people?
- These people are Americans. They are tourists.
- Where are they?
- They are outside.

5

- Who is this boy?
- This boy is American. He is little.
- Where is he?
- He is in the hotel. He is also in the room.

1

- Ist heute Dienstag?
- Ja, heute ist Dienstag.
- Wie spät ist es?
- Es ist jetzt zehn Uhr morgens.
- Wie ist das Wetter heute?
- Das Wetter ist heute auch schön.

2

- Wer ist der Mann?
- Dieser Mann ist ein Amerikaner. Er ist ein Tourist. Er ist groß und stark.
- Wo ist er?
- Er ist im Zimmer.

3

- Wer ist diese Frau?
- Diese Frau ist eine Amerikanerin. Sie ist schlank und attraktiv.
- Wo ist sie?
- Sie ist auch im Zimmer.

4

- Wer sind diese Leute?
- Diese Leute sind Amerikaner. Sie sind Touristen.
- Wo sind sie?
- Sie sind draußen.

5

- Wer ist der Junge?
- Dieser Junge ist Amerikaner. Er ist klein.
- Wo ist er?
- Er ist im Hotel. Er ist auch im Zimmer.

6

- Who is this girl?
- This girl is American. She is beautiful and good. She is a tourist.
- Where is she?
- She is in the park.

7

- Who is that man?
- That man is German. He is a tourist. He is short and strong.
- Where is he?
- He is in the train.

8

- Who is that old man?
- That old man is German. He is kind and good.
- Where is he?
- He is in the city.

9

- Who is that woman?
- That woman is German. She is a tourist. She is beautiful.
- Where is she?
- She is in the park.

10

- Who is that girl?
- That girl is German. She is a tourist too. She is tall and beautiful.
- Where is she?
- She is at the square.

11

- Who is that old woman?
- That old woman is German. She is old and kind.
- Where is she?

6

- Wer ist dieses Mädchen?
- Dieses Mädchen ist Amerikanerin. Sie ist schön und gut. Sie ist eine Touristin.
- Wo ist sie?
- Sie ist im Park.

7

- Wer ist der Mann?
- Der Mann ist Deutscher. Er ist ein Tourist. Er ist klein und stark.
- Wo ist er?
- Er ist im Zug.

8

- Wer ist dieser alte Mann?
- Dieser alte Mann ist Deutscher. Er ist freundlich und gut.
- Wo ist er?
- Er ist in der Stadt.

9

- Wer ist diese Frau?
- Diese Frau ist Deutsche. Sie ist eine Touristin. Sie ist schön.
- Wo ist sie?
- Sie ist im Park.

10

- Wer ist das Mädchen?
- Das Mädchen ist Deutsche. Sie ist auch eine Touristin. Sie ist groß und schön.
- Wo ist sie?
- Sie ist auf dem Platz.

11

- Wer ist diese alte Frau?
- Diese alte Frau ist Deutsche. Sie ist alt und freundlich.
- Wo ist sie?

- She is on the bus.

12

- Who is that boy?
- That boy is German. He is a tourist. He is young and strong.
- Where is he?
- He is at the bus stop.

13

- Is that man also German?
- No, he is not. That man is French. He is a tourist. He is careful and good.
- Where is he?
- He is on the train.

14

- Is this boy also German?
- No, he is not. This boy is a Frenchman. He's small.
- Where is he?
- He is also on the train.

15

- Is this woman French?
- Yes, she is. This woman is French. She is a tourist.
- Where is she?
- She is in the restaurant. She is at the table.

16

- Is this girl American?
- No, she is not. This girl is French.
- Where is she?
- She is in the park. She is in the cafe. She is at the table.

17

- Are these people also Americans?
- No, they are not. These people are French. They are tourists.

- Sie ist im Bus.

12

- Wer ist dieser Junge?
- Der Junge ist Deutscher. Er ist ein Tourist. Er ist jung und stark.
- Wo ist er?
- Er ist an der Bushaltestelle.

13

- Ist dieser Mann auch Deutscher?
- Nein. Dieser Mann ist Franzose. Er ist ein Tourist. Er ist vorsichtig und gut.
- Wo ist er?
- Er ist im Zug.

14

- Ist dieser Junge auch ein Deutscher?
- Nein. Dieser Junge ist Franzose.
Er ist klein.
- Wo ist er?
- Er ist auch im Zug.

15

- Ist diese Frau Französin?
- Ja. Diese Frau ist Französin. Sie ist eine Touristin.
- Wo ist sie?
- Sie ist im Restaurant. Sie ist am Tisch.

16

- Ist dieses Mädchen Amerikanerin?
- Nein. Dieses Mädchen ist Französin.
- Wo ist sie?
- Sie ist im Park. Sie ist im Café. Sie ist am Tisch.

17

- Sind diese Leute auch Amerikaner?
- Nein. Diese Leute sind Franzosen. Sie sind Touristen.

- Where are they?
- They are in the city. They are outside.

18

- Is this man English?
- Yes, he is. This man is English. He is a tourist. He is tall and slim.
- Where is he?
- He is on the ship.

19

- Is this woman also French?
- No, she is not. This woman is English. She is slim and attractive.
- Where is she?
- She is in a taxi.

20

- Are these tourists also French?
- No, they are not. These tourists are British.
- Where are they?
- They are in the airport. They are on the plane.

21

- Is this man Italian?
- Yes, he is. This man is Italian. He is a tourist. He is short and kind.
- Where is he?
- He is at the bar.

22

- Is this boy also Italian?
- Yes, he is. This boy is Italian. He is good.
- Where is he?
- He is at the bus stop. He is near the bus.

23

- Is this woman also English?
- No, she is not. This woman is Italian. She is attractive.

- Wo sind sie?
- Sie sind in der Stadt. Sie sind draußen.

18

- Ist dieser Mann Engländer?
- Ja. Dieser Mann ist Engländer. Er ist ein Tourist. Er ist groß und schlank.
- Wo ist er?
- Er ist auf dem Schiff.

19

- Ist diese Frau auch Französin?
- Nein. Diese Frau ist Engländerin. Sie ist schlank und attraktiv.
- Wo ist sie?
- Sie ist in einem Taxi.

20

- Sind diese Touristen auch Franzosen?
- Nein. Diese Touristen sind Briten.
- Wo sind sie?
- Sie sind im Flughafen. Sie sind im Flugzeug.

21

- Ist dieser Mann Italiener?
- Ja. Dieser Mann ist Italiener. Er ist ein Tourist. Er ist klein und freundlich.
- Wo ist er?
- Er ist an der Bar.

22

- Ist dieser Junge auch Italiener?
- Ja. Dieser Junge ist Italiener. Er ist gut.
- Wo ist er?
- Er ist an der Bushaltestelle. Er steht bei dem Bus.

23

- Ist diese Frau auch Engländerin?
- Nein. Diese Frau ist Italienerin. Sie ist attraktiv.

- Where is she?
- She is in the city. She is on the bridge.

24

- Is this girl also English?
- No, she is not. This girl is Italian. She is small.
- Where is she?
- She is in the city. She is also on the bridge.

25

- Is this old man Spanish?
- Yes, he is. This old man is Spanish. He is a tourist. He is old.
- Where is he?
- He's at the square.

26

- Is this old woman also Spanish?
- Yes, she is. This old woman is Spanish. She is a tourist.
- Where is she?
- She is at the bus stop.

27

- Are these tourists also Spanish?
- Yes, they are. These tourists are Spanish.
- Where are they?
- They are at the shop. They are at the checkout.

28

- Is this man also Spanish?
- No, he is not. This man is Chinese. He is a tourist. He is short and slim.
- Where is he?
- He is at the bus station.

29

- Is this woman also Chinese?
- Yes, she is. This woman is also Chinese. She

- Wo ist sie?
- Sie ist in der Stadt. Sie ist auf der Brücke.

24

- Ist dieses Mädchen auch Engländerin?
- Nein. Dieses Mädchen ist Italienerin. Sie ist klein.
- Wo ist sie?
- Sie ist in der Stadt. Sie ist auch auf der Brücke.

25

- Ist dieser alte Mann Spanier?
- Ja. Dieser alte Mann ist Spanier. Er ist ein Tourist. Er ist alt.
- Wo ist er?
- Er ist auf dem Platz.

26

- Ist diese alte Frau auch Spanierin?
- Ja. Diese alte Frau ist Spanierin. Sie ist eine Touristin.
- Wo ist sie?
- Sie ist an der Bushaltestelle.

27

- Sind diese Touristen auch Spanier?
- Ja. Diese Touristen sind Spanier.
- Wo sind sie?
- Sie sind im Geschäft. Sie sind an der Kasse.

28

- Ist dieser Mann auch Spanier?
- Nein. Dieser Mann ist Chinese. Er ist ein Tourist. Er ist klein und dünn.
- Wo ist er?
- Er ist an der Bushaltestelle.

29

- Ist diese Frau auch Chinesin?
- Ja. Diese Frau ist auch Chinesin. Sie ist eine

is a tourist. She is small and slim.
- Where is she?
- She is at the square.

30

- Are these people Chinese?
- Yes, they are. These people are Chinese. They are tourists.
- Where are they?
- They're at the train station. They are on train.

31

- Are you American?
- Yes, I am. I am American. I'm in a hotel.
- Are you a tourist too?
- No. I am a guide.

Touristin. Sie ist klein und schlank.
- Wo ist sie?
- Sie ist auf dem Platz.

30

- Sind diese Leute Chinesen?
- Ja. Diese Leute sind Chinesen. Sie sind Touristen.
- Wo sind sie?
- Sie sind auf dem Bahnhof. Sie sind im Zug.

31

- Sind Sie Amerikaner(in)?
- Ja. Ich bin Amerikaner(in). Ich bin in einem Hotel.
- Sind Sie auch ein(e) Tourist(in)?
- Nein. Ich bin ein(e) Fremdenführer(in).

Do you have a camera?

Haben Sie eine Kamera?

Words

Vokabeln

1. about [əˈbaʊt] - über, von
2. also, too [ˈɔːlsoʊ | tuː] - auch
3. and [ænd] - und
4. at [æt] - bei
5. bag [bæg] - die Tasche
6. be able to, can [bɪ ˈeɪbəl tuː | kæn] - können
7. be ill / sick [bɪ ɪl sɪk] - krank sein

8. be sold [bɪ soʊld] - verkauft werden
9. bike, bicycle [baɪk | 'baɪsɪkəl] - das Fahrrad, das Rad
10. brochure ['broʊʃə] - der Prospekt
11. but [bʌt] - aber
12. buy [baɪ] - kaufen
13. camera ['kæmərə] - die Kamera
14. can [kæn] - können, dürfen
15. cold [koʊld] - kalt
16. come on / let's [kʌm ɔn lets] - los / lasst uns
17. day [deɪ] - der Tag
18. drugstore ['drʌgstɔ:] - die Apotheke
19. eat [i:t] - essen
20. find [faɪnd] - finden
21. give [gɪv] - geben
22. go [goʊ] - gehen
23. handle ['hændəl] - der Handgriff; handhaben
24. happen ['hæpən] - passieren
25. have [hæv] - haben
26. head [hed] - der Kopf
27. heavy ['hevɪ] - schwer
28. help [help] - helfen
29. here is / are [hɪə ɪz / ɑ:] - hier ist / sind
30. hour ['aʊə] - die Stunde
31. hurt [hɜ:t] - schmerzen, weh tun
32. key [ki:] - der Schlüssel
33. know [noʊ] - wissen
34. language ['læŋgwɪdʒ] - die Sprache
35. learn, study [lɜ:n | 'stʌdɪ] - lernen
36. map [mæp] - die (Land)karte
37. may [meɪ] - dürfen
38. medicine ['medsən] - das Medikament
39. money ['mʌnɪ] - das Geld
40. more [mɔ:] - mehr
41. must [mʌst] - müssen
42. necessary ['nesəsərɪ] - notwendig
43. not [nɔt] - nicht
44. of course [əv kɔ:s] - natürlich
45. pen [pen] - der Kugelschreiber
46. please [pli:z] - bitte
47. you are welcome [jʊ ə 'welkəm] - die Antwort auf “thank you”
48. possible ['pɔsəbəl] - möglich
49. purse [pɜ:s] - das Portmonee
50. read [ri:d] - lesen
51. ride [raɪd] - fahren
52. SIM card ['sɪm kɑ:d] - die SIM- Karte
53. skis [ski:z] - der Ski
54. snowboard ['snoˌbɔ:d] - das Snowboard
55. still [stɪl] - noch
56. suitcase ['su:tkeɪs] - der Koffer
57. take [teɪk] - nehmen
58. teach [ti:tʃ] - lehren, beibringen
59. telephone ['telɪfoʊn] - das Telefon
60. thanks [θæŋks] - danke
61. theater ['θi:ətə] - das Theater
62. together [tə'geðə] - zusammen
63. twelve [twelv] - zwölf
64. watch [wɔtʃ] - beobachten
65. Wednesday ['wenzdeɪ] - der Mittwoch
66. where (direction) [weə] - wohin
67. wind [wɪnd] - der Wind
68. with [wɪð] - mit
69. work ['wɜ:k] - arbeiten

Break the ice

Brich das Eis

"I am hungry," a little girl says to her dad.
"Would you like a hamburger or some soup?" the dad asks.
"Yes," the girl responds.
"What about some salad?" the dad asks.
"Yes," the girl repeats.
"Which? Soup or salad?" the dad asks.
"A candy," the girl answers.

„Ich bin hungrig", sagt ein kleines Mädchen zu ihrem Vater.
„Hättest du gerne einen Hamburger oder etwas Suppe?", fragt der Vater.
„Ja", antwortet das Mädchen.
„Wie wäre es mit etwas Salat?", fragt der Vater.
„Ja", wiederholt das Mädchen.
„Was? Suppe oder Salat?", fragt der Vater.
„Einen Bonbon", antwortet das Mädchen.

1

- Is it Wednesday today?
- No, it is not. It is Tuesday today.
- What time is it?
- It is twelve o'clock now.
- What is the weather like today?
- The weather is bad today. It is cold and the wind is strong.

1

- Ist heute Mittwoch?
- Nein,(ist es nicht). Heute ist Dienstag.
- Wie spät ist es?
- Es ist jetzt zwölf Uhr.
- Wie ist das Wetter heute?
- Das Wetter ist schlecht heute. Es ist kalt und der Wind ist stark.

2

- Do you have a camera?
- Yes. I have a camera.
- Can I take your camera?
- No. It is very expensive.

3

- Do you have a pen?
- No.
- Where can I buy a pen?
- You can buy a pen in the store near the hotel.

4

- Do you have a map?
- Yes. I have a map.
- Can I see your map?
- Yes. Take it, please.

5

- Do you have a phone?
- Yes. I have a phone.
- Can I use your phone?
- Yes. Take it, please.

6

- Can you help me?
- Yes, of course.
- Where can I buy a SIM card?
- You can buy a SIM card at the store near the hotel.

7

- Can you help me?
- Yes. How can I help you?
- Can you help me with the suitcases? They are very heavy.
- Yes, of course.

8

- Can you help me?

2

- Haben Sie eine Kamera?
- Ja. Ich habe eine Kamera.
- Kann ich Ihre Kamera haben?
- Nein. Sie ist sehr teuer.

3

- Haben Sie einen Kugelschreiber?
- Nein.
- Wo kann ich einen Kugelschreiber kaufen?
- Sie können einen Kugelschreiber im Geschäft neben dem Hotel kaufen.

4

- Haben Sie eine Landkarte?
- Ja. Ich habe eine Karte.
- Darf ich Ihre Karte anschauen?
- Ja, bitte nehmen Sie diese.

5

- Haben Sie ein Telefon?
- Ja. Ich habe ein Telefon.
- Kann ich Ihr Telefon benutzen?
- Ja. Bitte nehmen Sie es.

6

- Können Sie mir helfen?
- Ja, natürlich.
- Wo kann ich eine SIM-Karte kaufen?
- Sie können eine SIM-Karte im Geschäft in der Nähe des Hotels kaufen.

7

- Können Sie mir helfen?
- Ja. Wie kann ich Ihnen helfen?
- Können Sie mir mit den Koffern helfen? Sie sind sehr schwer.
- Ja, natürlich.

8

- Können Sie mir helfen?

- What happened?
- I cannot find my key.
- Here it is!
- Oh, thank you!

9

- Can you help me with these bags? They are very heavy.
- Yes. Where do you need to go?
- To the hotel. Thank you very much.
- You are welcome.

10

- Can you help me buy souvenirs?
- Yes, of course.
- Where can I buy souvenirs?
- Souvenirs are sold in a shop at the square.

11

- Do you have a brochure?
- Yes. I have a brochure.
- Can you read it to me? I do not know this language.
- Yes. I can read it to you.

12

- Where can I buy tickets for the theater?
- You can buy tickets for the theater at the box office.
- And where else can you buy them?
- They also sell tickets outside near the park.

13

- Where can I buy medicine?
- Are you sick?
- I have a headache.
- You can buy medicine from a pharmacy near the hotel.

- Was ist passiert?
- Ich kann meinen Schlüssel nicht finden.
- Hier ist er!
- Oh, danke!

9

- Können Sie mir bei diesen Taschen helfen? Sie sind sehr schwer.
- Ja. Wohin müssen Sie?
- Zum Hotel. Vielen Dank.
- Bitte.

10

- Können Sie mir helfen, Souvenirs zu kaufen?
- Ja, natürlich.
- Wo kann ich Souvenirs kaufen?
- Souvenirs werden im Geschäft am Platz verkauft.

11

- Haben Sie einen Prospekt?
- Ja. Ich habe einen Prospekt.
- Können Sie ihn mir vorlesen? Ich kenne diese Sprache nicht.
- Ja. Ich kann ihn vorlesen.

12

- Wo kann ich Theaterkarten kaufen?
- Sie können Karten für das Theater an der Theaterkasse kaufen.
- Und wo kann man sie noch kaufen?
- Sie verkaufen Karten auch draußen beim Park.

13

- Wo kann ich Medikamente kaufen?
- Sind Sie krank?
- Ich habe Kopfschmerzen.
- Sie können Medikamente in der Apotheke in der Nähe des Hotels kaufen.

14

- Do you have money?
- Yes, I have money.
- Can you give me money?
- No! Go to work!

15

- Can you ski?
- Yes. I can ski.
- Can you teach me?
- Yes, I can teach you how to ski.

16

- Can you help me with my snowboard?
- Yes. What happened?
- I cannot ride snowboard. Can you teach me?
- I cannot ride snowboard either. Let's learn together.

17

- Can you ride a bike?
- Yes. I can ride a bike.
- Can you teach me?
- Yes, I can teach you to ride a bike.

14

- Haben Sie Geld?
- Ja, ich habe Geld.
- Können Sie mir Geld geben?
- Nein! Gehen Sie arbeiten!

15

- Können Sie Ski fahren?
- Ja. Ich kann Ski fahren.
- Können Sie mir Skifahren beibringen?
- Ja, ich kann Ihnen Skifahren beibringen.

16

- Können Sie mir beim Snowboarden helfen?
- Ja. Was ist passiert?
- Ich kann nicht snowboarden. Können Sie mir das beibringen?
- Ich kann auch nicht snowboarden. Lassen Sie es uns zusammen lernen.

17

- Können Sie Rad fahren?
- Ja. Ich kann Rad fahren.
- Können Sie es mir beibringen?
- Ja, ich kann Ihnen Radfahren beibringen.

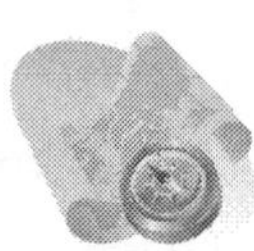

Must you go to the hotel now?

Müssen Sie jetzt zum Hotel gehen?

Words

Vokabeln

1. after ['ɑ:ftə] - nach
2. book [bʊk] - das Buch
3. do [du:] - machen
4. evening ['i:vənɪŋ] - der Abend
5. five [faɪv] - fünf
6. Germany ['dʒɜ:mənɪ] - Deutschland
7. lunch ['lʌntʃ] - dass Mittagessen
8. minute [maɪ'nju:t] - die Minute
9. month [mʌnθ] - der Monat
10. museum [mju:'zɪəm] - das Museum

11. must, have to [mʌst | həv tu:] - müssen
12. night [naɪt] - die Nacht
13. noon [nu:n] - der Mittag
14. order, to book ['ɔ:də | tə bʊk] - bestellen, buchen
15. pay [peɪ] - bezahlen
16. probably ['prɔbəblɪ] - wahrscheinlich
17. rain [reɪn] - der Regen
18. ride [raɪd] - fahren
19. text message, SMS [tekst 'mesɪdʒ] - die SMS
20. souvenir [ˌsu:və'nɪə] - das Souvenir
21. take a photo [teɪk ə 'foʊtoʊ] - ein Foto machen
22. the day after tomorrow [ðə deɪ 'ɑ:ftə tə'mɔroʊ] - übermorgen
23. throat [θroʊt] - die Kehle
24. sore throat [sɔ: θroʊt] - die Halsschmerzen
25. through [θru:] - durch
26. Thursday ['θɜ:zdeɪ] - der Donnerstag
27. tomorrow [tə'mɔroʊ] - morgen
28. two ['tu:] - zwei
29. week [wi:k] - die Woche
30. write ['raɪt] - schreiben
31. year ['jɪə] - das Jahr

Break the ice

Brich das Eis

"Can we buy a giraffe?" a little girl asks her mom.

"Where will it stay?" the mom asks.

"It will stay in the garden," the daughter replies.

"No!" her sister cries, "It can't live in the garden because I want to put a kangaroo there!"

“Können wir eine Giraffe kaufen?“, fragt ein kleines Mädchen ihre Mutter.

„Wo wird sie bleiben?“, fragt die Mutter.

„Sie wird im Garten bleiben“, antwortet die Tochter.

„Nein!“, weint ihre Schwester, “Sie kann nicht im Garten leben, weil ich dort ein Känguru hinsetzen will!“

1

- Is it Thursday today?
- Yes. It is Thursday today.
- What time is it?
- It is two o'clock in the afternoon.
- What is the weather like today?
- The weather is bad today. It is raining.

2

- What must you do?
- I must go to the hotel.
- Must you go to the hotel now?
- No. I must go to the hotel in an hour.

3

- What must he do?
- He must buy a ticket.
- Must he buy a ticket tomorrow?
- No. He must buy a ticket now.

4

- Where must she go?
- She must go to the store.
- Must she go to the store now?
- No. She can go to the store in an hour.

5

- Where must you go?
- I must go to the park.
- Can you go by bus?
- Yes. I can go by bus.
- Must you go now?
- Yes. I guess I must go now.

1

- Ist heute Donnerstag?
- Ja. Heute ist Donnerstag.
- Wie spät ist es?
- Es ist zwei Uhr nachmittags.
- Wie ist das Wetter heute?
- Das Wetter ist heute schlecht. Es regnet.

2

- Was müssen Sie machen?
- Ich muss zum Hotel gehen.
- Müssen Sie jetzt zum Hotel gehen?
- Nein. Ich muss in einer Stunde zum Hotel gehen.

3

- Was muss er machen?
- Er muss eine Fahrkarte kaufen.
- Muss er morgen eine Fahrkarte kaufen?
- Nein. Er muss jetzt eine Fahrkarte kaufen.

4

- Wohin muss sie gehen?
- Sie muss in das Geschäft gehen.
- Muss sie jetzt in das Geschäft gehen?
- Nein. Sie kann in einer Stunde in das Geschäft gehen.

5

- Wohin müssen Sie gehen?
- Ich muss in den Park gehen.
- Können Sie mit dem Bus fahren?
- Ja. Ich kann mit dem Bus fahren.
- Müssen Sie jetzt fahren?
- Ja. Ich denke, ich muss jetzt fahren.

6

- What must you do?
- I must write an e-mail.
- Must you write the e-mail now?
- No. I can write the e-mail in the afternoon.

7

- What must you do?
- I must see the museum.
- Must you see the museum tomorrow?
- No. I must see the museum today.

8

- What must she do today?
- She must take a picture of the park.
- Must she take a picture of the park now?
- No. She can take a picture of the park in the afternoon.

9

- What must he do?
- He must read the brochure.
- Must he read the brochure before noon?
- Yes. He must read the brochure before noon.

10

- What must you do tomorrow?
- I must order a book.
- Can you order the book on Monday?
- Yes. I can order the book on Monday.

11

- What must she do in the evening?
- She must write a text message.
- Can she write the message at night?
- Yes. She can write the message at night.

6

- Was müssen Sie machen?
- Ich muss eine E-mail schreiben.
- Müssen Sie die E-mail jetzt schreiben?
- Nein. Ich kann die E-mail am Nachmittag schreiben.

7

- Was müssen Sie machen?
- Ich muss das Museum besuchen.
- Müssen Sie das Museum morgen besuchen?
- Nein. Ich muss das Museum heute besuchen.

8

- Was muss sie heute machen?
- Sie muss ein Foto vom Park machen.
- Muss sie jetzt ein Foto vom Park machen?
- Nein. Sie kann am Nachmittag ein Foto vom Park machen.

9

- Was muss er machen?
- Er muss den Prospekt lesen.
- Muss er den Prospekt vor dem Mittag lesen?
- Ja. Er muss den Prospekt vor dem Mittag lesen.

10

- Was müssen Sie morgen machen?
- Ich muss ein Buch bestellen.
- Können Sie das Buch am Montag bestellen?
- Ja. Ich kann das Buch am Montag bestellen.

11

- Was muss sie am Abend machen?
- Sie muss eine SMS schreiben.
- Kann sie die SMS in der Nacht schreiben?
- Ja. Sie kann die SMS in der Nacht schreiben.

12

- What must they do?
- They must pay for the plane.
- Must they pay for the plane today?
- Yes. They must pay for the plane in the afternoon.

13

- Where must she go?
- She must go to a bus stop.
- Must she go to the stop now?
- No. She can go to the stop in five minutes.

14

- Where must you go?
- I must go to the square.
- Can you go by taxi?
- Yes. I can go by taxi.
- Must you go now?
- Yes. I guess I must go now.

15

- What must he do?
- He must buy souvenirs.
- Must he buy souvenirs tomorrow?
- He can buy souvenirs tomorrow or the day after tomorrow.

16

- What must you do?
- I must look at a map.
- Must you look at it tomorrow?
- No. I must look at the map now.

17

- What must you do this year?
- I must go to Germany.
- Must you go to Germany this month?
- I must go to Germany this week.

12

- Was müssen sie machen?
- Sie müssen den Flug bezahlen.
- Müssen sie den Flug heute bezahlen?
- Ja. Sie müssen den Flug am Nachmittag bezahlen.

13

- Wohin muss sie gehen?
- Sie muss zu einer Bushaltestelle gehen.
- Muss sie jetzt zu der Haltestelle gehen?
- Nein. Sie kann in fünf Minuten zu der Haltestelle gehen.

14

- Wohin müssen Sie gehen?
- Ich muss zu dem Platz gehen.
- Können Sie mit dem Taxi fahren?
- Ja. Ich kann mit dem Taxi fahren.
- Müssen Sie jetzt fahren?
- Ja. Ich denke, ich muss jetzt fahren.

15

- Was muss er machen?
- Er muss Souvenirs kaufen.
- Muss er morgen Souvenirs kaufen?
- Er kann morgen oder übermorgen Souvenirs kaufen.

16

- Was müssen Sie machen?
- Ich muss mir eine Landkarte ansehen.
- Müssen Sie sie morgen ansehen?
- Nein. Ich muss die Karte jetzt ansehen.

17

- Was müssen Sie dieses Jahr machen?
- Ich muss nach Deutschland fahren.
- Müssen Sie in diesem Monat nach Deutschland fahren?
- Ich muss in dieser Woche nach Deutschland fahren.

18

- What must she do?
- She must buy medicine. She has a sore throat.
- Can she buy medicine in the afternoon?
- Yes. She can probably buy medicine in the afternoon.

18

- Was muss sie machen?
- Sie muss Medikamente kaufen. Sie hat Halsschmerzen.
- Kann sie die Medikamente am Nachmittag kaufen?
- Ja. Wahrscheinlich kann sie die Medikamente am Nachmittag kaufen.

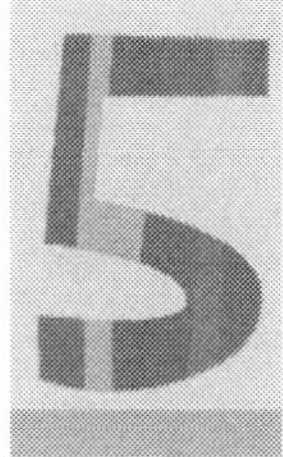

What are you going to do?

Was wollen Sie machen?

Words

Vokabeln

1. be going to [bı ˈgoʊıŋ tuː] - für geplante persönliche Ereignisse: I am going to visit the doctor today afternoon. - Ich besuche den Arzt heute nachmittag.
2. eleven [ıˈlevən] - elf
3. England [ˈıŋglənd] - England
4. Friday [ˈfraıdeı] - der Freitag
5. get ready [ˈget ˈredı] - sich vorbereiten
6. in, into [ın | ˈıntə] - in, hinein
7. plan [plæn] - vorhaben (werden)

8. sun [sʌn] - die Sonne
9. there [ðeə] - dort
10. visit ['vɪzɪt] - besuchen
11. want [wɔnt] - wollen
12. warm [wɔ:m] - warm

Break the ice

Brich das Eis

"How many girls are there in your class?" a mom asks her little daughter.
"There are seven girls in the class," the girl answers.
"What about the boys?" the mom asks.
"There is a lot of the boys. But they always run back and forth. It is impossible to count them," the girl answers.

“Wie viele Mädchen sind in deiner Klasse?“, fragt eine Mutter ihre kleine Tochter.
„In meiner Klasse sind sieben Mädchen“, antwortet das Mädchen.
„Was ist mit den Jungen?“, fragt die Mutter.
„Es sind viele Jungen. Aber sie rennen immer hin und her. Es ist unmöglich, sie zu zählen“, antwortet das Mädchen.

1

- Is it Friday today?
- Yes. It is Friday today.
- What time is it?
- It is eleven o'clock in the morning.
- What is the weather like today?
- The weather is good today. It is hot and sunny.

1

- Ist heute Freitag?
- Ja. Heute ist Freitag.
- Wie spät ist es?
- Es ist elf Uhr früh.
- Wie ist das Wetter heute?
- Das Wetter ist heute gut. Es ist heiß und sonnig.

2

- What are you going to do?
- I am going to go to Spain.
- Are you going to go to Spain this month?
- Yes. I want to go to Spain this month.

3

- What is she going to do?
- She is going to book a hotel room.
- Is she going to book a room now?
- No. She wants to book the hotel room in the afternoon.

4

- What do you want to do?
- I want to buy a ticket to Rome.
- Are you going to buy a ticket before noon?
- No. I am going to buy a ticket in the afternoon.

5

- What does he want to do?
- He wants to visit the museum.
- Does he want to visit the museum this week?
- Yes. He is going to visit the museum tomorrow.

6

- Where are you going to go?
- I am going to go to England.
- Do you want to go to England this month?
- No. I'm going to go in two months.

7

- What must you do?
- I must visit the park.
- Would you like to visit the park now?

2

- Was wollen Sie machen?
- Ich werde nach Spanien fahren.
- Werden Sie in diesem Monat nach Spanien fahren?
- Ja. Ich will in diesem Monat nach Spanien fahren.

3

- Was wird sie machen?
- Sie wird ein Hotelzimmer buchen.
- Wird sie jetzt ein Zimmer buchen?
- Nein. Sie will am Nachmittag ein Hotelzimmer buchen.

4

- Was möchten Sie machen?
- Ich möchte eine Fahrkarte nach Rom kaufen.
- Wollen Sie eine Fahrkarte vor dem Mittag kaufen?
- Nein. Ich will am Nachmittag eine Fahrkarte kaufen.

5

- Was möchte er machen?
- Er möchte ein Museum besuchen.
- Möchte er in dieser Woche das Museum besuchen?
- Ja. Er wird das Museum morgen besuchen.

6

- Wohin werden Sie fahren?
- Ich werde nach England fahren.
- Möchten Sie in diesem Monat nach England fahren?
- Nein. Ich werde in zwei Monaten fahren.

7

- Was müssen Sie machen?
- Ich muss den Park besuchen.

- No. I am going to visit the park in the evening.

8

- What do you want to do?
- I am going to buy medicine.
- Are you going to buy medicine today?
- Yes. I want to buy medicine in the afternoon. I have a headache.
- Are you going to buy medicine at the pharmacy near the hotel?
- Yes. I'm going to buy it there.

9

- What does she want to do in the evening?
- She wants to write a text message.
- Can she write an e-mail at night?
- Yes. She probably can write an e-mail at night.

10

- Where is he going to go?
- He is going to go to the square.
- Can he go by bus?
- Yes. He can go by bus.
- Must he go now?
- No. He's probably going to go in the afternoon.

11

- What are you going to do?
- I am going to go to Barcelona.
- Are you going to go to Barcelona this month?
- I am going to go to Barcelona this week.
- Are you going to book a plane ticket?
- Yes. I am going to book a ticket today.

- Möchten Sie den Park jetzt besuchen?
- Nein. Ich werde den Park am Abend besuchen.

8

- Was möchten Sie machen?
- Ich werde Medikamente kaufen.
- Werden Sie heute Medikamente kaufen?
- Ja. Ich möchte Medikamente am Nachmittag kaufen. Mein Kopf schmerzt.
- Werden Sie die Medikamente in der Apotheke in der Nähe des Hotels kaufen?
- Ja. Ich werde sie dort kaufen.

9

- Was möchte sie am Abend machen?
- Sie möchte eine SMS schreiben.
- Kann sie am Abend eine E-Mail schreiben?
- Ja. Sie kann wahrscheinlich am Abend eine E-Mail schreiben.

10

- Wohin wird er gehen?
- Er wird zu dem Platz gehen.
- Kann er mit dem Bus fahren?
- Ja. Er kann mit dem Bus fahren.
- Muss er jetzt fahren?
- Nein. Er wird wahrscheinlich am Nachmittag fahren.

11

- Was werden Sie machen?
- Ich werde nach Barcelona fahren.
- Werden Sie in diesem Monat nach Barcelona fahren?
- Ich werde in dieser Woche nach Barcelona fahren.
- Werden Sie ein Flugticket buchen?
- Ja. Ich werde heute ein Ticket buchen.

12

- What is she going to do?
- She is going to go to Germany.
- Is she going to go this month?
- Yes. She is going to go to Germany this week.

13

- What are you going to do tomorrow?
- I must book a table at a restaurant.
- Can you book a table on Tuesday?
- Yes. I can I book a table on Tuesday.

14

- What must he do?
- He must buy a pen.
- Is he going to buy a pen tomorrow?
- No. He is going to buy a pen today.

15

- What must you do?
- I must probably visit the museum.
- Are you going to visit the museum now?
- No. I am going to visit the museum in the evening.

16

- What are you going to do?
- I am going to buy a ticket.
- Are you going to buy a ticket today?
- No. I am going to buy it the day after tomorrow.

17

- What must you do tomorrow?
- I must read a brochure.
- Can you read the brochure on Wednesday?
- Yes. I can read the brochure on Wednesday.

12

- Was wird sie machen?
- Sie wird nach Deutschland fahren.
- Wird sie in diesem Monat fahren?
- Ja. Sie wird in dieser Woche nach Deutschland fahren.

13

- Was werden Sie morgen machen?
- Ich muss einen Tisch in einem Restaurant reservieren.
- Können Sie am Dienstag einen Tisch resevieren?
- Ja. Ich kann am Dienstag einen Tisch reservieren.

14

- Was muss er machen?
- Er muss einen Kugelschreiber kaufen.
- Wird er morgen einen Kugelschreiber kaufen?
- Nein. Er wird heute einen Kugelschreiber kaufen.

15

- Was müssen Sie machen?
- Ich muss wahrscheinlich das Museum besuchen.
- Werden Sie morgen das Museum besuchen?
- Nein. Ich werde das Museum am Abend besuchen.

16

- Was werden Sie machen?
- Ich werde eine Fahrkarte kaufen.
- Werden Sie heute eine Fahrkarte kaufen?
- Nein. Ich werde übermorgen eine Fahrkarte kaufen.

17

- Was müssen Sie morgen machen?
- Ich muss einen Prospekt lesen.
- Können Sie den Prospekt am Mittwoch lesen?
- Ja. Ich kann den Prospekt am Mittwoch lesen.

18

- Is he going to go to England?
- Yes. He's going to go to England.
- Is he going to go today?
- No. He's going to go tomorrow.

19

- What is she going to do?
- She's going to book a hotel room.
- Is she going to book a room before noon?
- No. She wants to book a room in the afternoon.

20

- What are you going to do this year?
- I am going to travel by train to Germany.
- Do you want to go to Germany this month?
- I am going to go to Germany this week.

18

- Wird er nach England fahren?
- Ja. Er wird nach England fahren.
- Wird er heute fahren?
- Nein. Er wird morgen fahren.

19

- Was wird sie machen?
- Sie wird ein Hotelzimmer reservieren.
- Wird sie ein Hotelzimmer vor dem Mittag reservieren?
- Nein. Sie will am Nachmittag ein Zimmer reservieren.

20

- Was werden Sie dieses Jahr machen?
- Ich werde mit dem Zug nach Deutschland fahren.
- Wollen Sie in diesem Monat nach Deutschland fahren?
- Ich werde diese Woche nach Deutschland fahren.

Where is this tourist from?

Woher kommt dieser Tourist?

Words

Vokabeln

1. call [kɔ:l] - anrufen, besuchen
2. coffee ['kɔfı] - der Kaffee
3. drink [drıŋk] - trinken
4. friend ['frend] - der (die) Freund(in)
5. from where [frəm weə] - woher
6. go [goʊ] - gehen, fahren
7. gym [dʒım] - der Fitnessraum
8. hall, auditorium [hɔ:l | ˌɔ:dı'tɔ:rıəm] - das Auditorium
9. Italy ['ıtəlı] - Italien

10. letter ['letə] - der Brief
11. meet [mi:t] - treffen
12. my [maɪ] - mein
13. on foot [ɔn fʊt] - zu Fuß
14. Saturday ['sætədeɪ] - der Samstag
15. we [wɪ] - wir

Break the ice

Brich das Eis

A mom is waking up little Julia.
"Wake up dear. It is time to go to kindergarten," the mom says.
"Where has the zebra gone?" Julia asks waking up slowly.
"What zebra?" her mom asks.
"The zebra from my dream," the little girl replies.
"I don't know dear," the mom says.
"But you were riding it, mommy!"

Eine Mutter weckt die kleine Julia.
„Wach auf, Schatz. Es ist Zeit, in den Kindergarten zu gehen“, sagt die Mutter.
„Wohin ist das Zebra gegangen?“, fragt Julia langsam aufwachend.
„Welches Zebra?“, fragt ihre Mutter.
„Das Zebra aus meinem Traum“, antwortet das kleine Mädchen.
„Ich weiß es nicht, Schatz“, sagt die Mutter.
„Aber du hast es geritten, Mama.“

1

- Is it Saturday today?
- Yes. It is Saturday today.
- What time is it?
- It is two o'clock.

1

- Ist heute Samstag?
- Ja. Heute ist Samstag.
- Wie spät ist es?
- Es ist zwei Uhr.

- What is the weather like today?
- The weather is good today. It is warm and sunny.

2

- Are you going to drink coffee in a cafe?
- Yes. I want to drink some coffee in a cafe.
- Do you want to drink coffee in a cafe in the morning?
- Yes. I want to drink coffee in a cafe in the morning.

3

- What are you going to do?
- I am going to meet this Englishman. He is my friend.
- Are you going to meet this Englishman now?
- No. I am going to meet this Englishman in the afternoon.

4

- Does he want to visit the gym?
- Yes. He wants to visit the gym.
- Does he plan to visit the gym in the afternoon?
- No. He plans to visit the gym in the evening.

5

- Let's go and buy a map!
- Yes. I want to buy a map.
- Will we go to buy a map now?
- No. We will go to buy a map in the afternoon.

6

- What must these tourists do?
- These tourists must buy tickets.
- Where can they buy tickets?

- Wie ist das Wetter heute?
- Das Wetter ist gut heute. Es ist warm und sonnig.

2

- Werden Sie in einem Café Kaffee trinken?
- Ja. Ich möchte in einem Café Kaffee trinken.
- Wollen Sie morgens in einem Café Kaffee trinken?
- Ja. Ich möchte morgens in einem Café Kaffee trinken.

3

- Was werden Sie machen?
- Ich werde diesen Engländer treffen. Er ist mein Freund.
- Werden Sie diesen Engländer jetzt treffen?
- Nein. Ich werde diesen Engländer nachmittags treffen.

4

- Möchte er den Fitnessraum besuchen?
- Ja. Er möchte den Fitnessraum besuchen.
- Plant er, den Fitnessraum am Nachmittag zu besuchen?
- Nein. Er plant, den Fitnessraum am Abend zu besuchen.

5

- Lasst uns gehen und eine Landkarte kaufen!
- Ja. Ich möchte eine Karte kaufen.
- Werden wir jetzt gehen und eine Karte kaufen?
- Nein. Wir werden am Nachmittag eine Karte kaufen gehen.

6

- Was müssen diese Touristen machen?
- Diese Touristen müssen Eintrittskarten kaufen.

- These tourists can buy tickets at the box office.

7

- Do you want to buy souvenirs?
- Yes. I want to buy souvenirs.
- Do you want to buy souvenirs now?
- Yes. I want to buy souvenirs now. Where can I buy souvenirs?
- You can buy souvenirs in the shop near the square.

8

- Do you have a phone?
- Yes. I have a phone.
- Can I take your phone? I need to call a friend.
- Yes. Take it, please. Must you meet the friend?
- Yes. I have to meet the friend in an hour. He is from Italy.

9

- What is she going to do?
- She is going to buy a ticket.
- Is she she going to buy a ticket in the afternoon?
- No. She is going to buy a ticket now.
- Must she pay for the ticket now?
- Yes. She must pay for the ticket now.

10

- Do you want to eat?
- Yes. I want to eat.
- Can we go to a restaurant?
- Yes. We can go to a restaurant.

11

- Can you help me to find the museum?

- Wo können sie Karten kaufen?
- Diese Touristen können Karten an der Theaterkasse kaufen.

7

- Möchten Sie Souvenirs kaufen?
- Ja. Ich möchte Souvenirs kaufen.
- Möchten Sie jetzt Souvenirs kaufen?
- Ja. Ich möchte jetzt Souvenirs kaufen. Wo kann ich Souvenirs kaufen?
- Sie können Souvenirs in dem Geschäft am Platz kaufen.

8

- Haben Sie ein Telefon?
- Ja. Ich habe ein Telefon.
- Kann ich Ihr Telefon nehmen? Ich muss einen Freund anrufen.
- Ja. Bitte nehmen Sie es. Müssen Sie den Freund treffen?
- Ja. Ich muss den Freund in einer Stunde treffen. Er ist aus Italien.

9

- Was wird sie machen?
- Sie wird ein Ticket kaufen.
- Wird sie am Nachmittag ein Ticket kaufen?
- Nein. Sie wird jetzt ein Ticket kaufen.
- Muss sie jetzt für das Ticket bezahlen?
- Ja. Sie muss jetzt für das Ticket bezahlen.

10

- Möchten Sie essen?
- Ja. Ich möchte essen.
- Können wir zu einem Restaurant gehen?
- Ja. Wir können zu einem Restaurant gehen.

11

- Können Sie mir helfen, das Museum zu finden?

- Yes. Must you find the museum before noon?
- Yes. I need to find the museum before noon. I have to meet a friend there.
- The museum is located at the square.

12

- Where is this tourist from?
- This tourist is from England.
- Is this tourist an Englishman?
- Yes. This tourist is an Englishman.
- Must you meet this tourist?
- I must meet this tourist in the afternoon.

13

- Does she want to walk to the store?
- Yes. She wants to walk to the store.
- Is she going to go there before noon?
- Yes. She's going to go there before noon.

14

- What does he want to do?
- He wants to visit the museum.
- Does he want to visit the museum tomorrow?
- Yes. He is going to visit the museum tomorrow.

15

- Are you going to phone this German today?
- Yes. I am going to call this German today.
- Is this German a tourist?
- Yes. This German is a tourist.
- Must you meet him tomorrow?
- No. I must meet him the day after tomorrow.

16

- Can I help you to find the park?
- Yes. Help me, please.

- Ja. Müssen Sie das Museum vor dem Mittag finden?
- Ja. Ich muss das Museum vor dem Mittag finden. Ich muss dort einen Freund treffen.
- Das Museum liegt am Platz.

12

- Woher kommt dieser Tourist?
- Dieser Tourist kommt aus England.
- Ist dieser Tourist ein Engländer?
- Ja. Dieser Tourist ist ein Engländer.
- Müssen Sie diesen Touristen treffen?
- Ich muss diesen Touristen am Nachmittag treffen.

13

- Möchte sie zu dem Geschäft zu Fuß gehen?
- Ja. Sie möchte zu dem Geschäft zu Fuß gehen.
- Wird sie vor dem Mittag dorthin gehen?
- Ja. Sie wird vor dem Mittag dorthin gehen.

14

- Was möchte er machen?
- Er möchte das Museum besuchen.
- Möchte er das Museum morgen besuchen?
- Ja. Er wird das Museum morgen besuchen.

15

- Werden Sie diesen Deutschen heute anrufen?
- Ja. Ich werde diesen Deutschen heute anrufen.
- Ist dieser Deutsche ein Tourist?
- Ja. Dieser Deutsche ist ein Tourist.
- Müssen Sie ihn morgen treffen?
- Nein. Ich muss ihn übermorgen treffen.

16

- Kann ich Ihnen helfen, den Park zu finden?
- Ja. Bitte helfen Sie mir.
- Wollen Sie jetzt in den Park gehen?

- Do you want to go to the park now?
- I want to go to the park in the afternoon.

17

- What must these tourists do?
- These tourists must buy a map.
- Where can they buy a map?
- They can buy a map in a shop near the hotel.

18

- Are you going to meet this German today?
- Yes. I'm going to meet this German today.
- Can we go to the theatre together?
- Yes. We go to the theatre together.

19

- What are you going to do?
- I must write a letter to a friend.
- Where is your friend from?
- My friend is from Italy. He is Italian.
- Do you need to write the letter before noon?
- Yes. I need to write it before noon.

20

- Do you drink juice?
- Yes. I drink juice.
- Do you want to drink juice in the restaurant?
- Yes, I want to drink juice in the restaurant.

- Ich möchte am Nachmittag in den Park gehen.

17

- Was müssen diese Touristen machen?
- Diese Touristen müssen eine Landkarte kaufen.
- Wo können sie eine Karte kaufen?
- Sie können eine Karte in dem Geschäft in der Nähe des Hotels kaufen.

18

- Werden Sie diesen Deutschen heute treffen?
- Ja. Ich werde diesen Deutschen heute treffen.
- Können wir zusammen ins Theater gehen?
- Ja. Wir gehen zusammen ins Theater.

19

- Was werden Sie machen?
- Ich muss einem Freund einen Brief schreiben.
- Woher kommt Ihr Freund?
- Mein Freund kommt aus Italien. Er ist Italiener.
- Müssen Sie den Brief vor dem Mittag schreiben?
- Ja. Ich muss ihn vor dem Mittag schreiben.

20

- Trinken Sie Saft?
- Ja. Ich trinke Saft.
- Möchten Sie im Restaurant Saft trinken?
- Ja. Ich möchte im Restaurant Saft trinken.

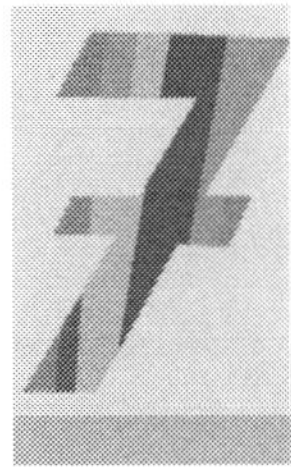

Is there a restaurant on the train?

Gibt es in diesem Zug ein Restaurant?

Words

Vokabeln

1. air conditioner [eə kən'dɪʃənə] - die Klimaanlage
2. barber shop ['bɑ:bə ʃɔp] - der Friseur
3. bathroom ['bɑ:θru:m] - die Toilette, das Badezimmer, das Bad
4. door [dɔ:] - die Tür
5. driver ['draɪvə] - der Fahrer
6. end [end] - das Ende
7. free [fri:] - kostenlos
8. fridge [frɪdʒ] - der Kühlschrank
9. internet ['ɪntənet] - das Internet
10. laundromat ['lɔndrəˌmæt] - die Wäscherei
11. magazine [ˌmægə'zi:n] - die Zeitschrift
12. microwave ['maɪkrəweɪv] - die Mikrowelle

13. news [nju:z] - die Nachrichten
14. next [nekst] - nächste, nächster, nächstes
15. second ['sekənd] - zweite, zweiter, zweites
16. shower ['ʃaʊə] - die Dusche
17. smoke [smoʊk] - rauchen
18. storey, floor ['stɔ:rɪ | flɔ:] - die Etage
19. Sunday ['sʌndeɪ] - der Sonntag
20. swimming pool ['swɪmɪŋ pu:l] - das Schwimmbad
21. tail [teɪl] - das Ende, der Schwanz
22. television ['telɪˌvɪʒən] - das Fernsehen
23. three [θri:] - drei
24. train car [treɪn kɑ:] - der Eisenbahnwagen

Break the ice

Brich das Eis

A little boy and his mom are standing at the bus stop.

"Is it our bus?" the little boy asks his mom when a bus comes.

"No dear," she answers.

"This bus is big and good. Why you don't like it?"

"We need bus number five. This bus is number two," the mom explains and points her finger at the number on the bus.

Ein kleiner Junge und seine Mutter stehen an der Bushaltestelle.

„Ist es unser Bus?“, fragt der kleine Junge seine Mutter, als ein Bus kommt.

„Nein, Schatz“, antwortet sie.

„Dieser Bus ist groß und gut. Warum magst du ihn nicht?“

„Wir brauchen Bus Nummer Fünf. Dieser Bus ist Nummer Zwei“, erklärt die Mutter und zeigt mit ihrem Finger auf die Nummer auf dem Bus.

1

- Is it Sunday today?
- Yes. It is Sunday today.
- What time is it?
- It is three o'clock in the afternoon.
- What is the weather like today?
- The weather is bad today.

2

- I want to eat. Is there a microwave on this bus?
- Yes. This bus has a microwave. It is located near the driver.
- Is there a bathroom on this bus?
- Yes. There is a bathroom on his bus. It is located near the door.

3

- I am thirsty. Is there a cafe on this ship?
- No. There is a bar on this ship. You can have a drink there.

4

- Is there a restaurant on the train?
- Yes. There is a restaurant on the train. It is in the next car.
- Is there internet on this train?
- Yes. There is internet on the train.

5

- Is there air conditioning in the train car?
- No. There is no air conditioning in the car.

1

- Ist heute Sonntag?
- Ja. Heute ist Sonntag.
- Wie spät ist es?
- Es ist drei Uhr nachmittags.
- Wie ist das Wetter heute?
- Das Wetter ist heute schlecht.

2

- Ich möchte essen. Gibt es eine Mikrowelle in diesem Bus?
- Ja. Dieser Bus hat eine Mikrowelle. Sie befindet sich neben dem Fahrer.
- Gibt es eine Toilette in diesem Bus?
- Ja. Es gibt eine Toilette in diesem Bus. Sie befindet sich neben der Tür.

3

- Ich bin durstig. Gibt es auf diesem Schiff ein Café?
- Nein. Auf diesem Schiff gibt es eine Bar. Sie können dort etwas trinken.

4

- Gibt es in diesem Zug ein Restaurant?
- Ja. In diesem Zug gibt es ein Restaurant. Es ist im nächsten Wagen.
- Gibt es in diesem Zug Internet?
- Ja. In diesem Zug gibt es Internet.

5

- Gibt es in diesem Eisenbahnwagen eine Klimaanlage?
- Nein. Es gibt keine Klimaanlage in diesem Wagen.

- Is there TV in the car?
- No. There is no TV in the car.

6

- Are there magazines on the plane? I want to read.
- Yes. There are some magazines on this plane.
- Is there a bathroom on the plane?
- Yes. There is a bathroom on the plane. It is located at the back of the plane.

7

- Is there a restaurant in this hotel?
- No. There is no restaurant in this hotel.
- Where can I eat?
- There is a restaurant in the next street.

8

- Is there a pool in this hotel?
- Yes. There is a pool in this hotel. It is big.
- Is there a gym in this hotel?
- Yes. There is a gym in this hotel.

9

- Is there a refrigerator in this hotel room?
- Yes. There is a refrigerator in this hotel room.
- Is there a TV in this hotel room?
- Yes. There is a TV in this hotel room.

10

- Is there a shower in the hotel room?
- Yes. There is a shower in the hotel room.
- Is there a hairdryer in the hotel room?
- Yes. There is a hairdryer in the hotel room.

- Gibt es TV in diesem Wagen?
- Nein. In diesem Wagen gibt es kein TV.

6

- Gibt es Zeitschriften im Flugzeug? Ich möchte lesen.
- Ja. In diesem Flugzeug gibt es Zeitschriften.
- Gibt es eine Toilette in dem Flugzeug?
- Ja. Es gibt eine Toilette im Flugzeug. Sie befindet sich im hinteren Teil des Flugzeugs.

7

- Gibt es in diesem Hotel ein Restaurant?
- Nein. In diesem Hotel gibt es kein Restaurant.
- Wo kann ich essen?
- Es gibt ein Restaurant in der nächsten Straße.

8

- Gibt es in diesem Hotel ein Schwimmbad?
- Ja. In diesem Hotel gibt es ein Schwimmbad. Es ist groß.
- Gibt es in diesem Hotel einen Fitnessraum?
- Ja. In diesem Hotel gibt es einen Fitnessraum.

9

- Gibt es in diesem Hotelzimmer einen Kühlschrank?
- Ja. In diesem Hotelzimmer gibt es einen Kühlschrank.
- Gibt es in diesem Hotelzimmer ein TV?
- Ja. Es gibt ein TV in diesem Hotelzimmer.

10

- Gibt es in dem Hotelzimmer eine Dusche?
- Ja. Es gibt eine Dusche in dem Hotelzimmer.
- Gibt es einen Fön in dem Hotelzimmer?
- Ja. Es gibt einen Fön in dem Hotelzimmer.

11

- Is there a phone in the hotel room?
- Yes. There is a phone in the hotel room.
- Can I call my friend?
- Yes. You can call him.

12

- Is there a laundry room on this floor?
- No. There is no laundry room on this floor.
- Where can I find the laundry room?
- The laundry room is located on the second floor.

13

- I have a headache. Where can I buy medicine?
- You can buy medicine at the pharmacy.
- Is there a pharmacy near the hotel?
- Yes. There is a pharmacy near the hotel.

14

- Is there a hairdresser near the hotel?
- No. There is no a hairdresser near the hotel.
- Where can I find a hairdresser?
- It is at the end of the street.

15

- I need to buy some souvenirs. Is there a shop near the hotel?
- No. There is no shop near the hotel.
- Where can I buy souvenirs?
- You can buy souvenirs in the shop in the square.

11

- Gibt es in dem Hotelzimmer ein Telefon?
- Ja. Es gibt ein Telefon in dem Hotelzimmer.
- Kann ich meinen Freund anrufen?
- Ja. Sie können ihn anrufen.

12

- Gibt es auf dieser Etage eine Wäscherei?
- Nein. Auf dieser Etage gibt es keine Wäscherei.
- Wo kann ich die Wäscherei finden?
- Die Wäscherei befindet sich in der zweiten Etage.

13

- Ich habe Kopfschmerzen. Wo kann ich Medikamente kaufen?
- Sie können Medikamente in der Apotheke kaufen.
- Gibt es eine Apotheke in der Nähe des Hotels?
- Ja. Es gibt eine Apotheke in der Nähe des Hotels.

14

- Gibt es einen Friseur in der Nähe des Hotels?
- Nein. Es gibt keinen Friseur in der Nähe des Hotels.
- Wo kann ich eine Friseur finden?
- Er ist am Ende der Straße.

15

- Ich muss einige Souvenirs kaufen. Gibt es in der Nähe des Hotels ein Geschäft?
- Nein. Es gibt kein Geschäft in der Nähe des Hotels.
- Wo kann ich Souvenirs kaufen?
- Sie können Souvenirs in dem Geschäft am Platz kaufen.

16

- What is she going to do?
- She's going to book a hotel room.
- Is there air conditioning in the room?
- Yes. There is air conditioning in the room.

17

- Is there a bar in this hotel?
- Yes. There is a bar in this hotel.
- Can you help me find it?
- Yes. I can help you.
- Thank you.

18

- Is there internet in this hotel? I want to read the news.
- Yes. There is internet in this hotel.
- Is the internet free?
- No. You must pay for the internet.

19

- Does he want to visit the gym?
- Yes. He wants to visit the gym.
- Are there any gyms near the hotel?
- Yes. There is a gym near the hotel.

16

- Was wird sie machen?
- Sie wird ein Hotelzimmer buchen.
- Gibt es im Zimmer eine Klimaanlage?
- Ja. Es gibt eine Klimaanlage in dem Zimmer.

17

- Gibt es eine Bar in diesem Hotel?
- Ja. Es gibt eine Bar in diesem Hotel.
- Können Sie mir helfen, sie zu finden?
- Ja. Ich kann Ihnen helfen.
- Danke.

18

- Gibt es in diesem Hotel Internet? Ich möchte die Nachrichten lesen.
- Ja. Es gibt in diesem Hotel Internet.
- Ist das Internet kostenlos?
- Nein. Sie müssen für das Internet zahlen.

19

- Möchte er den Fitnessraum besuchen?
- Ja. Er möchte den Fitnessraum besuchen.
- Gibt es Fitnessräume in der Nähe des Hotels?
- Ja. Es gibt einen Fitnessraum in der Nähe des Hotels.

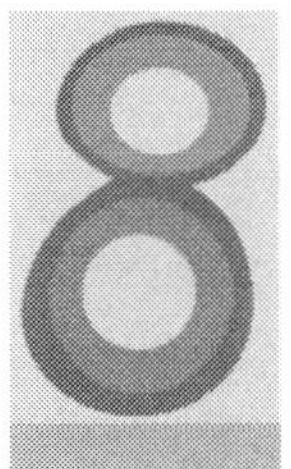

Whose bag is this?

Wessen Tasche ist das?

Words

Vokabeln

1. chair [tʃeə] - der Stuhl
2. our ['aʊə] - unser
3. seat [si:t] - der Platz
4. table ['teɪbəl] - der Tisch
5. whose [hu:z] - wessen
6. your [jə] - dein, euer, Ihr

Break the ice

Brich das Eis

A mom and her little daughter get on the bus. The mom takes a sit. She puts her child on her lap. The girl looks at everything around her. She looks at the passengers, at the mom's bag, at the mom, at the seat, at her hands, at the passengers again. She is hot and she is tired.
She looks up at her mom and says, "I will yammer now."
"No dear. Please do not do it," the mom says and gives her a candy. The girl is happy again.

Eine Mutter und ihre kleine Tochter steigen in den Bus.
Die Mutter setzt sich hin. Sie nimmt ihr Kind auf ihren Schoß. Das Mädchen sieht alles um sich herum an.
Sie sieht die Fahrgäste, die Tasche der Mutter, die Mutter, den Sitz, ihre Hände, wieder die Fahrgäste an. Ihr ist heiß und sie ist müde.
Sie sieht zu ihrer Mutter hoch und sagt: „Ich werde jetzt jammern."
„Nein, Schatz. Tu das bitte nicht", sagt ihre Mutter und gibt ihr einen Bonbon. Das Mädchen ist wieder glücklich.

1

- Whose bag is this?
- This is Sam's bag.
- Where is Kate's bag?

1

- Wessen Tasche ist das?
- Das ist Sams Tasche.
- Wo ist Kates Tasche?

- Her bag is on the chair.

2

- Is this your camera?
- No. This is not my camera.
- Whose camera is this?
- This is Robert's camera.

3

- Do you have a map?
- Yes. I have a map.
- Whose map is this?
- This is the guide's map.

4

- Whose phone is this?
- This is Linda's phone.
- Where is your phone?
- My phone is in my room.

5

- Whose pen is this?
- This is that tourist's pen.
- Where is your pen?
- Sam has my pen.

6

- Are these your magazines?
- Yes. These are my magazines.
- Where are the guide's magazines?
- The guide's magazines are in the bag.

7

- Are these your souvenirs?
- No. These are not my souvenirs.
- Whose souvenirs are these?
- These are Robert's souvenirs.

8

- Are these your medicines?
- No. These are John's medicines.
- Where are your medicines?

- Ihre Tasche ist auf dem Stuhl.

2

- Ist das Ihre Kamera?
- Nein. Das ist nicht meine Kamera.
- Wessen Kamera ist das?
- Das ist Roberts Kamera.

3

- Haben Sie eine Landkarte?
- Ja. Ich habe eine Karte.
- Wessen Karte ist das?
- Das ist die Karte des Fremdenführers.

4

- Wessen Telefon ist das?
- Das ist Lindas Telefon.
- Wo ist Ihr Telefon?
- Mein Telefon ist in meinem Zimmer.

5

- Wessen Kugelschreiber ist das?
- Das ist der Kugelschreiber des Touristen.
- Wo ist Ihr Kugelschreiber?
- Sam hat meinen Kugelschreiber.

6

- Sind das Ihre Zeitschriften?
- Ja. Das sind meine Zeitschriften.
- Wo sind die Zeitschriften des Fremdenführers?
- Die Zeitschriften des Fremdenführers sind in der Tasche.

7

- Sind das Ihre Souvenirs?
- Nein. Das sind nicht meine Souvenirs.
- Wessen Souvenirs sind das?
- Das sind Roberts Souvenirs.

8

- Sind das Ihre Medikamente?
- Nein. Dies sind Johns Medikamente.

- My medicines are on the table.

9

- Whose coffee is this?
- This is Kate's coffee.
- Where is your coffee?
- My coffee is in the room.

10

- Are these your tickets?
- No. These are Linda's tickets.
- Where are your tickets?
- The guide has my tickets. He is on the bus.

11

- Whose suitcases are these?
- These are Mary's suitcases.
- Where are Robert's suitcases?
- His suitcases are beside the chair.

12

- Is this Kate's book?
- No. This is my book.
- Where is Kate's book?
- Her book is on the table.

13

- Where are your tickets?
- Our tickets are in the bag.
- Where are the Englishmen's tickets?
- The guide has their tickets.

14

- Whose SIM card is this?
- This is John's SIM card.
- Where is your SIM card?
- My SIM card is in the phone.

15

- Whose bag is this?
- This is Linda's bag.

- Wo sind Ihre Medikamente?
- Meine Medikamente sind auf dem Tisch.

9

- Wessen Kaffee ist das?
- Das ist Kates Kaffee.
- Wo ist Ihr Kaffee?
- Mein Kaffee ist im Zimmer.

10

- Sind das Ihre Tickets?
- Nein. Das sind Lindas Tickets.
- Wo sind Ihre Tickets?
- Der Fremdenführer hat meine Tickets. Er ist im Bus.

11

- Wessen Koffer sind das?
- Das sind Marys Koffer.
- Wo sind Roberts Koffer?
- Seine Koffer sind neben dem Stuhl.

12

- Ist das Kates Buch?
- Nein. Das ist mein Buch.
- Wo ist Kates Buch?
- Ihr Buch ist auf dem Tisch.

13

- Wo sind Ihre Tickets?
- Unsere Tickets sind in der Tasche.
- Wo sind die Tickets der Engländer?
- Der Fremdenführer hat ihre Tickets.

14

- Wessen SIM-Karte ist das?
- Das ist Johns SIM-Karte.
- Wo ist Ihre SIM-Karte?
- Meine SIM-Karte ist im Telefon.

15

- Wessen Tasche ist das?
- Das ist Lindas Tasche.

- Where are our bags?
- Your bags are near the table.

16

- Is this your phone?
- Yes. This is my phone.
- Where is the guide's phone?
- The guide's phone is in the bag.

17

- Whose hotel room is this?
- This is Mary's room.
- Where is Robert's room?
- Robert's room is on the second floor.

18

- Is this John's seat?
- No. This is Kate's seat.
- Where is John's seat?
- John's seat is next.

19

- Are these your brochures?
- Yes. These are my brochures.
- Where are the guide's brochures?
- The guide's brochures are in the bag.

20

- Whose map is this?
- This is Kate's map. She bought it at the store.
- Where is Mary's map?
- The guide has her map.

- Wo sind unsere Taschen?
- Eure Taschen sind neben dem Tisch.

16

- Ist das Ihr Telefon?
- Ja. Das ist mein Telefon.
- Wo ist das Telefon des Fremdenführers?
- Das Telefon des Fremdenführers ist in der Tasche.

17

- Wessen Hotelzimmer ist das?
- Das ist Marys Zimmer.
- Wo ist Roberts Zimmer?
- Roberts Zimmer ist in der zweiten Etage.

18

- Ist das Johns Platz?
- Nein. Das ist Kates Platz.
- Wo ist Johns Platz?
- Johns Platz ist daneben.

19

- Sind das Ihre Prospekte?
- Ja. Das sind meine Prospekte.
- Wo sind die Prospekte des Fremdenführers?
- Die Prospekte des Fremdenführers sind in der Tasche.

20

- Wessen Landkarte ist das?
- Das ist Kates Karte. Sie kaufte sie in einem Geschäft.
- Wo ist Marys Karte?
- Der Fremdenführer hat ihre Karte.

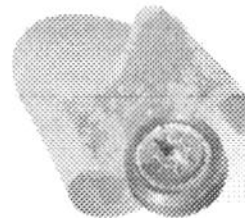

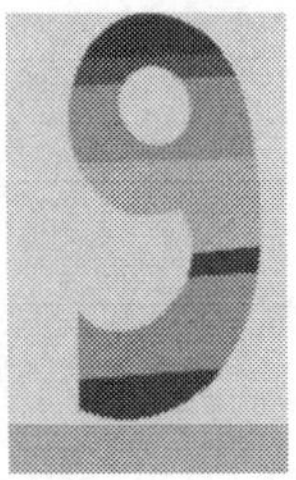

Is there a computer desk in the room?

Gibt es einen Computertisch im Zimmer?

Words

Vokabeln

1. bathtub [ˈbɑːθtʌb] - die Badewanne
2. bed [bed] - das Bett
3. computer [kəmˈpjuːtə] - der Computer
4. disk [dɪsk] - die CD
5. flash drive [flæʃ draɪv] - der Speicherstick
6. here [hɪə] - hier
7. keyboard [ˈkiːbɔːd] - die Tastatur

8. metal (Adj.) ['metəl] - metallen
9. milk [mɪlk] - die Milch
10. monitor ['mɔnɪtə] - der Monitor
11. mouse [maʊs] - die Maus
12. or [ɔ:] - oder
13. plane [pleɪn] - das Flugzeug
14. plastic ['plæstɪk] - der Kunststoff
15. sauna ['saʊnə] - die Sauna
16. shelf [ʃelf] - das Regal
17. third ['θɜ:d] - dritter, dritte., drittes
18. watch [wɔtʃ] - beobachten, die Uhr
19. window ['wɪndoʊ] - das Fenster
20. wooden ['wʊdən] - hölzern, aus Holz

Break the ice

Brich das Eis

A dad sometimes reads the story of Cinderella to his little daughter. Today he is reading it again.

"I will never have somebody who loves me, Cinderella said and cried sadly," the dad reads aloud. The daughter quickly takes the book from his hands.

"You will! You will!" she says and flips through the book, "the prince will love you!"

Ein Vater liest seiner kleinen Tochter manchmal die Geschichte von Cinderella vor. Heute liest er sie wieder.

„Ich werde niemals jemanden haben, der mich liebt, sagte Cinderella und weinte traurig“, liest der Vater laut. Die Tochter nimmt schnell das Buch aus seinen Händen.

„Wirst du! Wirst du!”, sagt sie und blättert durch das Buch, „Der Prinz wird dich lieben!“

1

- Whose bus tickets are these?
- These are Robert's bus tickets.
- Where are your bus tickets?
- The guide has my bus tickets.

1

- Wessen Busfahrkarten sind das?
- Das sind Roberts Busfahrkarten.
- Wo sind Ihre Busfahrkarten?
- Der Fremdenführer hat meine Busfahrkarten.

2

- Where is your hotel room?
- My hotel room is on the second floor.
- Where is Kate's hotel room?
- Her hotel room is on the third floor.

2

- Wo ist Ihr Hotelzimmer?
- Mein Hotelzimmer ist in der zweiten Etage.
- Wo ist Kates Hotelzimmer?
- Ihr Hotelzimmer ist in der dritten Etage.

3

- Is there a milk bar here?
- Yes. There is a milk bar here.
- Is there a pool here?
- No. There is no pool here.

3

- Gibt es hier eine Milchbar?
- Ja. Hier gibt es eine Milchbar.
- Gibt es hier ein Schwimmbad?
- Nein. Hier gibt es kein Schwimmbad.

4

- Where is she going to go?
- She's going to go to the hotel gym.

4

- Wohin wird sie gehen?
- Sie wird zum Fitnessraum des Hotels gehen.

5

- Is this a plastic pen?
- No. This is not a plastic pen.
- Is this a metal pen?
- Yes. This is a metal pen.

5

- Ist das ein Kugelschreiber aus Kunststoff?
- Nein. Das ist kein Kunststoffkugelschreiber.
- Ist das ein Kugelschreiber aus Metall?
- Ja. Das ist ein metallener Kugelschreiber.

6

- Is this a plastic or wooden window?
- This is a plastic window.
- Is the door in the room wooden?
- Yes. The door in the room is wooden.

6

- Ist das Fenster aus Kunststoff oder aus Holz?
- Das ist ein Kunststofffenster.
- Ist die Tür im Zimmer aus Holz?
- Ja. Die Tür im Zimmer ist aus Holz.

7

- Is there a computer desk in the room?
- Yes. There is a computer desk in the room.

7

- Gibt es einen Computertisch im Zimmer?
- Ja. Es gibt einen Computertisch im Zimmer.

8

- Is this wooden bed comfortable?
- This wooden bed is new and comfortable.
- Is this book shelf also new?
- This book shelf is not new.

9

- Whose watch is this?
- This is Mary's watch.
- Is it plastic or metal?
- This watch is plastic.

10

- What kind of monitor is this?
- This is a computer monitor.
- What kind of keyboard is this?
- This is a computer keyboard.

11

- Is this a computer flash drive?
- Yes. This is a computer flash drive.
- Whose flash drive is this?
- This is John's flash drive.

12

- Do you have a computer mouse?
- No. I do not have a computer mouse.
- Does Kate have a computer mouse?
- Yes. Kate has a computer mouse.

13

- Do you have a computer disk?
- No. I do not have a computer disk.
- Does Robert have a computer disk?
- Yes. Robert has a computer disk.

14

- Where is he going to go?
- He is going to go to the hotel sauna.

8

- Ist dieses Holzbett bequem?
- Dieses Holzbett ist neu und bequem.
- Ist dieses Bücherregal auch neu?
- Dieses Bücherregal ist nicht neu.

9

- Wessen Uhr ist das?
- Das ist Marys Uhr.
- Ist sie aus Kunststoff oder Metall?
- Diese Uhr ist aus Kunststoff.

10

- Was für ein Monitor ist das?
- Das ist ein Computermonitor.
- Was für eine Tastatur ist das?
- Das ist eine Computertastatur.

11

- Ist das ein Computer-Speicherstick?
- Ja. Das ist ein Computer-Speicherstick.
- Wessen Speicherstick ist das?
- Das ist Johns Speicherstick.

12

- Haben Sie eine Computermaus?
- Nein. Ich habe keine (Computer)maus.
- Hat Kate eine (Computer)maus?
- Ja. Kate hat eine (Computer)maus.

13

- Haben Sie eine Computer-CD?
- Nein. Ich habe keine Computer-CD.
- Hat Robert eine Computer-CD?
- Ja. Robert hat eine Computer-CD.

14

- Wohin wird er gehen?
- Er wird in die hoteleigene Sauna gehen.

15

- Whose train tickets are these?
- These are Mary's train tickets.
- Where are your train tickets?
- My train tickets are in the bag.

16

- Where can you buy plane tickets?
- You can buy plane tickets at the ticket office.
- Do you have plane tickets?
- Yes. I have plane tickets.

17

- Is there a wooden table in the hotel room?
- Yes. There is a wooden table in the hotel room.

18

- Whose ship tickets are these?
- These are John's ship tickets.
- Where are your ship tickets?
- The guide has my ship tickets.

19

- Is there a bookshop near the hotel?
- There are two bookshops near the hotel.
- What kind of book do you need?
- I need a good tourist guide about this city.
- There are a lot of tourist guides in both book shops.

15

- Wessen Eisenbahnfahrkarten sind das?
- Das sind Marys Eisenbahnfahrkarten.
- Wo sind Ihre Eisenbahnfahrkarten?
- Meine Eisenbahnfahrkarten sind in der Tasche.

16

- Wo kann man Flugtickets kaufen?
- Flugtickets können Sie im Reisebüro kaufen.
- Haben Sie Flugtickets?
- Ja. Ich habe Flugtickets.

17

- Gibt es im Hotelzimmer einen Tisch aus Holz?
- Ja. Im Hotelzimmer gibt es einen Tisch aus Holz.

18

- Wessen Schiffsfahrkarten sind das?
- Das sind Johns Schiffsfahrkarten.
- Wo sind Ihre Schiffsfahrkarten?
- Der Fremdenführer hat meine Schiffsfahrkarten.

19

- Gibt es in der Nähe des Hotels eine Buchhandlung?
- Es gibt zwei Buchhandlungen in der Nähe des Hotels.
- Was für ein Buch brauchen Sie?
- Ich brauche einen guten Reiseführer über diese Stadt.
- In beiden Buchhandlungen gibt es viele Reiseführer.

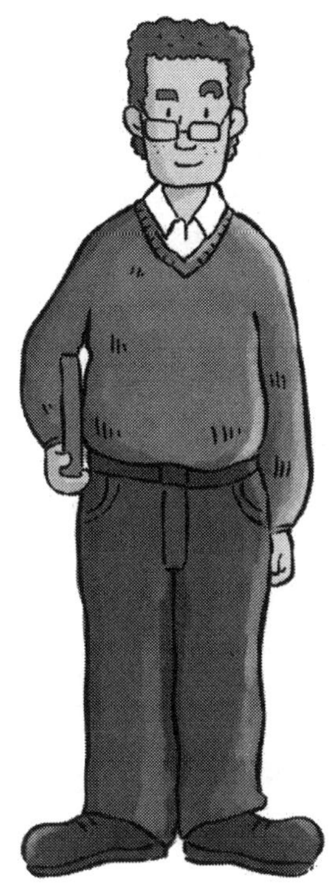

Who is this Englishman by profession?

Was ist dieser Engländer von Beruf?

Words

Vokabeln

1. ask [ɑ:sk] - fragen
2. athlete ['æθli:t] - der Sportler
3. build [bɪld] - bauen
4. builder ['bɪldə] - der Bauarbeiter
5. buy [baɪ] - kaufen
6. buyer ['baɪə] - der Käufer

7. by [baɪ] - von, durch
8. come [kʌm] - kommen
9. company ['kʌmpənɪ] - die Gesellschaft
10. cook [kʊk] - kochen
11. cure, to treat [kjʊə | tə tri:t] - behandeln
12. doctor, physician ['dɔktə | fɪ'zɪʃən] - der Arzt
13. drive [draɪv] - fahren
14. eight [eɪt] - acht
15. English ['ɪŋglɪʃ] - Englisch
16. final ['faɪnəl] - endgültig
17. football / soccer ['fʊtbɔ:l 'sɔkə] - das Fußball(spiel)
18. game [geɪm] - das Spiel
19. Greek ['gri:k] - der Grieche, die Griechin, griechisch
20. hear [hɪə] - hören
21. how ['haʊ] - wie
22. international [ˌɪntə'næʃənəl] - international
23. Japanese [ˌdʒæpə'ni:z] - der Japaner, die Japanerin
24. lesson ['lesən] - die Lektion, der Unterricht
25. love ['lʌv] - lieben
26. manage ['mænɪdʒ] - verwalten
27. manager ['mænɪdʒə] - der Manager
28. pizza ['pi:tsə] - die Pizza
29. play ['pleɪ] - spielen
30. prepare, to cook [prɪ'peə | tə kʊk] - vorbereiten, kochen
31. food [fu:d] - die Nahrung
32. profession [prə'feʃən] - der Beruf
33. repair [rɪ'peə] - reparieren
34. repairman [rɪ'peəmæn] - der Handwerker, der Mechaniker
35. Russian ['rʌʃən] - der Russe, die Russin, russisch
36. sell [sel] - verkaufen
37. seller ['selə] - der Verkäufer
38. serve [sɜ:v] - bedienen
39. waiter ['weɪtə] - der Kellner
40. seven ['sevən] - sieben
41. sing [sɪŋ] - singen
42. singer ['sɪŋə] - der Sänger
43. singing ['sɪŋɪŋ] - singend
44. spaghetti [spə'getɪ] - die Spaghetti
45. stadium ['steɪdɪəm] - das Stadion
46. teach [ti:tʃ] - lehren, unterrichten
47. teacher ['ti:tʃə] - der Lehrer
48. think ['θɪŋk] - denken
49. tooth [tu:θ] - der Zahn
50. try ['traɪ] - versuchen
51. writer ['raɪtə] - der Autor, der Schriftsteller

Break the ice

Brich das Eis

There are many little children at a birthday party. They all sit at the table. A big cake is on the table. There are chocolate animals on the cake.
"Who wants the zebra?" the mom asks the children.
"Give me the zebra please," a girl says.
"Give me the fish please," another girl says.
"Give me the giraffe please," a boy says.
"Give me a spoon please," another boy says.

Es sind viele kleine Kinder bei einer Geburtstagsparty. Sie alle sitzen am Tisch. Ein großer Kuchen ist auf dem Tisch. Auf dem Kuchen sind Schokoladentiere.
„Wer will das Zebra?", fragt die Mutter die Kinder.
„Gib mir bitte das Zebra", sagt ein Mädchen.
„Gib mir bitte den Fisch", sagt ein weiteres Mädchen.
„Gib mir bitte die Giraffe", sagt ein Junge.
„Gib mir bitte einen Löffel", sagt ein weiterer Junge.

1

- Who is this German by profession?
- He is a writer.
- What does write?

1

- Was ist dieser Deutscher von Beruf?
- Er ist Schriftsteller.
- Was schreibt er?

- He writes books about love.
- Where can you buy his book?
- You can buy his book at the store at the square.

- Er schreibt Bücher über Liebe.
- Wo kann man sein Buch kaufen?
- Sie können sein Buch im Geschäft am Platz kaufen.

2

- Who is this Englishman by profession?
- He is a teacher.
- What does he teach?
- He teaches English.
- Can he give me lessons in English?
- I think so. Here is his phone number.

2

- Was ist dieser Engländer von Beruf?
- Er ist Lehrer.
- Was unterrichtet er?
- Er unterrichtet Englisch.
- Kann er mir in Englisch Unterricht geben?
- Wahrscheinlich ja. Hier ist seine Telefonnummer.

3

- Who is this Spaniard by profession?
- He is a builder.
- What is he building?
- He is building an airport.
- Can I see this airport?
- Yes. You can get there by tram number five. The airport is at the final stop.

3

- Was ist dieser Spanier von Beruf?
- Er ist Bauarbeiter.
- Was baut er?
- Er baut einen Flughafen.
- Kann ich diesen Flughafen sehen?
- Ja. Sie können mit der Straßenbahn Nummer fünf dorthin fahren. Der Flughafen ist an der Endstation.

4

- Who is this Russian by profession?
- He is a repairman.
- What does he repair?
- He repairs computers.
- Can he repair my computer?
- Probably. Here is his phone number. Call him.
- Thank you.

4

- Was ist dieser Russe von Beruf?
- Er ist Mechaniker.
- Was repariert er?
- Er repariert Computer.
- Kann er meinen Computer reparieren?
- Wahrscheinlich. Hier ist seine Telefonnummer. Rufen Sie ihn an.
- Danke.

5

- Who is this German woman by profession?
- She is a manager.
- What does she manage?
- She manages an international company.

5

- Was ist diese Deutsche von Beruf?
- Sie ist Managerin.
- Was verwaltet sie?
- Sie verwaltet eine internationale Gesellschaft.

6

- Who is this Greek by profession?
- He is a driver.
- What does he drive?
- He drives a bus.
- Can he take me to the airport?
- No. Tram number five goes to the airport.

6

- Was ist dieser Grieche von Beruf?
- Er ist Fahrer.
- Was fährt er?
- Er fährt einen Bus.
- Kann er mich zum Flughafen fahren?
- Nein. Straßenbahn Nummer Fünf fährt zum Flughafen.

7

- Who is this French woman by profession?
- She is a singer.
- Where does she sing?
- She sings in a restaurant near the hotel.
- Can I hear her singing?
- Yes. Come to the restaurant at eight o'clock in the evening.

7

- Was ist diese Französin von Beruf?
- Sie ist Sängerin.
- Wo singt sie?
- Sie singt in einem Restaurant in der Nähe des Hotels.
- Kann ich sie singen hören?
- Ja. Kommen Sie abends um acht Uhr zum Restaurant.

8

- Who is this Frenchman by profession?
- He is an athlete.
- What does he play?
- He plays soccer.
- Can I watch him playing?
- Yes. Come to the stadium at seven o'clock in the evening.

8

- Was ist dieser Franzose von Beruf?
- Er ist Sportler.
- Was spielt er?
- Er spielt Fußball.
- Kann ich ihn spielen sehen?
- Ja. Kommen Sie abends um sieben Uhr zum Stadion.

9

- Who is this Italian by profession?
- He is a seller.
- What does he sell?
- He sells souvenirs.
- Can I buy his souvenirs?
- Yes. His shop is located at the square.

9

- Was ist der Italiener von Beruf?
- Er ist Verkäufer.
- Was verkauft er?
- Er verkauft Souvenirs.
- Kann ich seine Souvenirs kaufen?
- Ja. Sein Geschäft liegt an dem Platz.

10

- Who is this Englishwoman by profession?

10

- Was ist diese Engländerin von Beruf?
- Sie ist Kellnerin.

- She is a waitress.
- Where does she work?
- She serves in a restaurant.

11

- Who is this Japanese?
- This Japanese is a buyer.
- What does he buy?
- He buys food in a store.

12

- Who is this Italian by profession?
- This Italian is a cook.
- What does he cook?
- He cooks pizza and spaghetti.
- Can I try his pizza?
- Yes. Come to the restaurant in the afternoon.

13

- Who is this German by profession?
- This German is a doctor.
- What does he treat?
- He treats teeth.
- Can he treat my tooth?
- I think so. Here is his phone number. Ask him.
- Thank you.

- Wo arbeitet sie?
- Sie serviert in einem Restaurant.

11

- Wer ist dieser Japaner?
- Dieser Japaner ist Käufer.
- Was kauft er?
- Er kauft Nahrungsmittel in einem Geschäft.

12

- Was ist dieser Italiener von Beruf?
- Dieser Italiener ist Koch.
- Was kocht er?
- Er kocht Pizza und Spaghetti.
- Kann ich seine Pizza probieren?
- Ja. Kommen Sie am Nachmittag in das Restaurant.

13

- Was ist dieser Deutsche von Beruf?
- Dieser Deutsche ist Arzt.
- Was behandelt er?
- Er behandelt Zähne.
- Kann er meinen Zahn behandeln?
- Wahrscheinlich ja. Hier ist eine Telefonnummer. Fragen Sie ihn.
- Danke.

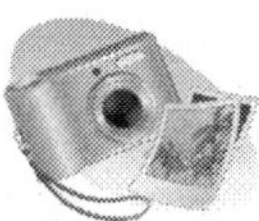

Is the service in this hotel good?

Ist der Service im Hotel gut?

Words

Vokabeln

1. angry ['æŋgrɪ] - verärgert
2. boring ['bɔ:rɪŋ] - langweilig
3. but [bʌt] - aber
4. cheap [tʃi:p] - billig
5. clothes [kloʊðz] - die Kleider, die Kleidung
6. dentist ['dentɪst] - der Zahnarzt
7. expensive [ɪk'spensɪv] - teuer

8. fast [fɑ:st] - schnell
9. friendly ['frendlɪ] - freundlich
10. high-quality [haɪ'kwɔlɪtɪ] - hohe Qualität, erstklassig
11. interesting ['ɪntrəstɪŋ] - interessant
12. introduce [ˌɪntrə'dju:s] - einführen, vorstellen
13. low-quality [loʊ'kwɔlɪtɪ] - niedrige Qualität, schlecht
14. more [mɔ:] - mehr
15. movie ['mu:vɪ] - der Film
16. nearby ['nɪəbaɪ] - in der Nähe
17. necessary ['nesəsərɪ] - notwendig
18. poor [pʊə] - arm
19. quickly ['kwɪklɪ] - schnell
20. rich [rɪtʃ] - reich
21. serious ['sɪərɪəs] - ernst
22. service ['sɜ:vɪs] - der Service
23. smart [smɑ:t] - intelligent
24. that [ðæt] - diese, dieser, dieses
25. the best [ðə best] - das Beste
26. try on ['traɪ ɔn] - anprobieren
27. unsatisfied [ʌn'sætɪsfaɪd] - unbefriedigt, unzufrieden
28. why [waɪ] - warum

Break the ice

Brich das Eis

"Give me your mommy so she can read me a book please," little Emma says to little Leon in the park.
"No. She is my mommy!" the boy answers.
"If you give me your mommy, then I will give you my daddy to play football."

„Gib mir bitte deine Mama, damit sie mir ein Buch vorlesen kann", sagt die kleine Emma zu dem kleinen Leon im Park.
„Nein. Sie ist meine Mama!", antwortet der Junge.
„Wenn du mir deine Mama gibst, werde ich dir meinen Papa geben, um Fußball zu spielen."

1

- Is this hotel room comfortable?
- Yes. But the room on the second floor is more comfortable.
- Is that room big?
- Yes. The room on the second floor is the biggest.

1

- Ist dieses Hotelzimmer komfortabel?
- Ja. Aber das Zimmer in der zweiten Etage ist komfortabler.
- Ist das Zimmer groß?
- Ja. Das Zimmer in der zweiten Etage ist das größte.

2

- Is the service in this hotel good?
- The service at this hotel is high-quality.
- How is the service in the hotel across the street?
- The service in that hotel is low-quality.

2

- Ist der Service im Hotel gut?
- Der Service im Hotel ist erstklassig.
- Wie ist der Service im Hotel auf der anderen Straßenseite?
- Der Service in diesem Hotel ist schlecht.

3

- I want to go to Rome.
- You can travel by plane. It is faster than by train.
- Are plane tickets very expensive?
- No. Plane tickets are not very expensive.

3

- Ich möchte nach Rom fahren.
- Sie können mit dem Flugzeug reisen. Es ist schneller als mit dem Zug.
- Sind die Flugtickets sehr teuer?
- Nein. Flugtickets sind nicht sehr teuer.

4

- Is this clothing comfortable?
- No. These clothes here more comfortable.
- I need the most comfortable and the most beautiful clothes.
- Here. Try it on, please.

4

- Ist diese Kleidung bequem?
- Nein. Diese Kleidung hier ist bequemer.
- Ich brauche die bequemste und die schönste Kleidung.
- Hier. Bitte probieren Sie diese an.

5

- This German is very serious.
- Yes. He is a dentist.
- Is he a good dentist?
- Yes. He is the best dentist in town.

5

- Dieser Deutsche ist sehr ernst.
- Ja. Er ist Zahnarzt.
- Ist er ein guter Zahnarzt?
- Ja. Er ist der beste Zahnarzt in der Stadt.

6

- This Frenchwoman is very beautiful.
- Yes. She is very beautiful and also very smart.
- Can you introduce me to her?
- Yes. Come to the restaurant at seven in the evening.

7

- Is this Englishman tall?
- This Englishman is the tallest.
- Is he rich?
- Yes. He is very rich.

8

- Whose ship tickets are these?
- These are John's ship tickets.
- Are the tickets expensive?
- Yes. These are the most expensive ship tickets.
- Where are your ship tickets?
- My ship tickets are with the guide. They are cheap.

9

- Is this theater beautiful?
- Yes. This is the most beautiful theater in town.
- Are tickets to the theater expensive?
- Yes. Theater tickets are not cheap.

10

- What kind of restaurant is this?
- This is a very expensive restaurant. It is better than the restaurant across the street.
- Who is this Frenchman by profession?
- He is a waiter at this restaurant. He is a very friendly waiter.

11

- Whose seat is this?

6

- Diese Französin ist sehr schön.
- Ja. Sie ist sehr schön und auch sehr intelligent.
- Können Sie mich mit ihr bekannt machen?
- Ja. Kommen Sie um 7:00 Uhr abends zu dem Restaurant.

7

- Ist dieser Engländer groß?
- Diese Engländer ist der Größte.
- Ist er reich?
- Ja. Er ist sehr reich.

8

- Wessen Schiffsfahrkarten sind das?
- Das sind Johns Schiffsfahrkarten.
- Sind diese Fahrkarten teuer?
- Ja. Das sind die teuersten Schiffsfahrkarten.
- Wo sind Ihre Schiffsfahrkarten?
- Meine Schiffsfahrkarten sind bei dem Fremdenführer. Sie sind billig.

9

- Ist dieses Theater schön?
- Ja. Es ist das schönste Theater in der Stadt.
- Sind Theaterkarten teuer?
- Ja. Theaterkarten sind nicht billig.

10

- Was für ein Restaurant ist das?
- Das ist ein sehr teures Restaurant. Es ist besser als das Restaurant auf der anderen Straßenseite.
- Was ist der Franzose von Beruf?
- Er ist Kellner in diesem Restaurant. Er ist ein sehr freundlicher Kellner.

11

- Wessen Platz ist das?

- This is Robert's seat.
- Is it comfortable?
- Yes. It is comfortable. The seat next to it is more comfortable.
- Thank you.

12

- Where can you buy a plane ticket?
- You can buy plane tickets at the ticket office.
- Are tickets expensive?
- Yes. Tickets are expensive.
- Are train tickets cheaper?
- Yes. Train tickets are cheaper.

13

- Why is this German angry?
- This German bought plane tickets.
- Is he not happy?
- Tickets are very expensive.

14

- Is the bed in the hotel room comfortable?
- Yes. The bed in the room is comfortable.
- Is this room cheap?
- No. This room is expensive.

15

- Is this Italian very tall?
- Yes. He's tall and also handsome.
- Is he poor?
- No. This Italian is not poor.
- Is he smart?
- Yes. He is smart.

16

- Is this movie boring?
- No. This movie is very interesting.
- Can I buy tickets for this movie?
- Yes. You can buy them at the ticket office.

- Das ist Roberts Platz.
- Ist er bequem?
- Ja. Er ist bequem. Der Platz daneben ist noch bequemer.
- Danke

12

- Wo kann man ein Flugticket kaufen?
- Sie können Flugtickets im Reisebüro kaufen.
- Sind die Tickets teuer?
- Ja. Diese Tickets sind teuer.
- Sind Zugfahrkarten billiger?
- Ja. Zugfahrkarten sind billiger.

13

- Warum ist dieser Deutsche so verärgert?
- Dieser Deutsche kaufte Flugtickets.
- Ist er nicht glücklich?
- Die Tickets sind sehr teuer.

14

- Ist das Bett im Hotelzimmer bequem?
- Ja. Das Bett in dem Zimmer ist bequem.
- Ist dieses Zimmer billig?
- Nein. Dieses Zimmer ist teuer.

15

- Ist dieser Italiener sehr groß?
- Ja. Er ist groß und gut aussehend.
- Ist er arm?
- Nein. Dieser Italiener ist nicht arm.
- Ist er intelligent?
- Ja. Er ist intelligent.

16

- Ist der Film langweilig?
- Nein. Dieser Film ist sehr interessant.
- Kann ich Karten für diesen Film kaufen?
- Ja. Sie können sie an der Kasse kaufen.
- Sind sie teuer?

- Are they expensive?
- No. Tickets are cheap.

17

- Where can you buy train tickets?
- You can buy train tickets at the ticket office.
- Are tickets expensive?
- No. Tickets are cheap.
- Is the train fast?
- Yes. The train is fast. But the plane is faster.
- Are plane tickets more expensive?
- Yes. Plane tickets are more expensive. They are very expensive.

- Nein. Die Karten sind billig.

17

- Wo kann man Zugfahrkarten kaufen?
- Zugfahrkarten kann man im Reisezentrum kaufen.
- Sind die Karten teuer?
- Nein. Die Fahrkarten sind billig.
- Ist der Zug schnell?
- Ja. Der Zug ist schnell. Aber das Flugzeug ist schneller.
- Sind die Flugtickets teurer?
- Ja. Die Flugtickets sind teurer. Sie sind sehr teuer.

Are you comfortable in these clothes?

Fühlen Sie sich wohl in dieser Kleidung?

Words

Vokabeln

1. angry, angrily ['æŋgrɪ | angrəlɪ] - verärgert
2. because [bɪ'kɔz] - weil
3. comfortably ['kʌmftəblɪ] - bequem
4. cost [kɔst] - kosten
5. fast [fɑ:st] - schnell
6. fly [flaɪ] - fliegen
7. happy, happily ['hæpɪ | 'hæpɪlɪ] - glücklich
8. interesting ['ɪntrəstɪŋ] - interessant
9. live [laɪv] - wohnen
10. look [lʊk] - aussehen; ansehen
11. nearby ['nɪəbaɪ] - in der Nähe
12. necessary ['nesəsərɪ] - notwendig

13. nicely, beautifully ['naɪslɪ | 'bju:təflɪ] - schön
14. seriously ['sɪərɪəslɪ] - ernsthaft
15. slow(ly) ['sloʊ(lɪ)] - langsam
16. so ['soʊ] - so
17. stand [stænd] - stehen
18. there [ðeə] - dort; dorthin
19. unhappy, unhappily [ʌn'hæpɪ | ʌn'hæpɪlɪ] - unglücklich
20. village ['vɪlɪdʒ] - das Dorf
21. way, street ['weɪ | stri:t] - der Weg, die Straße
22. wear [weə] - tragen (Kleidung)
23. well [wel] - gut
24. which [wɪtʃ] - welcher

Break the ice

Brich das Eis

"Lucas said that if you add 233 and 723, you will get quadrillion. Is it true?" little Dennis asks his dad.
"No, sonny," his dad answers.
"I knew it!"

„Lucas hat gesagt, dass man, wenn man 233 und 723 addiert, eine Billiarde erhält. Ist das wahr?", fragt der kleine Dennis seinen Vater.
„Nein, Söhnchen", antwortet sein Vater.
„Ich wusste es!"

1

- Is this hotel convenient?
- This hotel is not very convenient. But the hotel on the square is more convenient, because there are some shops, restaurants and theaters nearby.

1

- Ist dieses Hotel angenehm?
- Dieses Hotel ist nicht sehr angenehm. Aber das Hotel bei dem Platz ist angenehmer, weil es dort einige Geschäfte, Restaurants und ein Theater in der Nähe gibt.

- How can I get there quickly?
- You can get there quickly on tram number five. And even faster by taxi.

2

- What is the service like in this hotel?
- The service in this hotel is good.
- What is the service like at the hotel across the street?
- In that hotel, the service is not good.

3

- I want to go to England.
- You can travel by plane. It is fast.
- Are plane tickets expensive?
- Plane tickets are not very expensive.

4

- Are you comfortable in these clothes?
- I need clothes, in which I feel comfortable. I am more comfortable in those clothes.
- Try it on, please. This clothing is not expensive.

5

- Why does this German look so seriously?
- Because he is a dentist.
- Does he treat people well?
- Yes. He treats well. He is the best dentist in this village.

6

- This Frenchwoman is wearing a beautiful dress.
- Yes. She looks beautifully.
- Can you introduce me to her?
- Yes. Come to the restaurant at eight o'clock.

- Wie kann ich schnell dorthin kommen?
- Sie können mit der Straßenbahn Nummer fünf schnell dorthin kommen. Und noch schneller mit dem Taxi.

2

- Wie ist der Service in diesem Hotel?
- Der Service in diesem Hotel ist gut.
- Wie ist der Service in dem Hotel auf der anderen Straßenseite?
- In dem Hotel ist der Service nicht so gut.

3

- Ich möchte nach England fahren.
- Sie können mit dem Flugzeug reisen. Es ist schnell.
- Sind Flugtickets teuer?
- Flugtickets sind nicht sehr teuer.

4

- Fühlen Sie sich wohl in dieser Kleidung?
- Ich brauche Kleidung, in der ich mich wohl fühle. In jenen Kleidern fühle ich mich wohler.
- Probieren Sie bitte diese an. Diese Kleidung ist nicht teuer.

5

- Warum schaut der Deutsche so ernsthaft?
- Weil er ein Zahnarzt ist.
- Behandelt er die Menschen gut?
- Ja. Er behandelt sie gut. Er ist der beste Zahnarzt in diesem Dorf.

6

- Diese Französin trägt ein schönes Kleid.
- Ja. Sie sieht schön aus.
- Können Sie mich mit ihr bekannt machen?
- Ja. Kommen Sie um acht Uhr zum Restaurant.

7

- Whose ship tickets are these?
- These are Kate's ship tickets.
- Are these tickets expensive?
- Yes. They are expensive. These are the most expensive ship tickets.
- Where are your ship tickets?
- The guide has my ship tickets. They are cheap.

8

- Is it nice in this theater?
- Yes. It is nice in this theater. This theater is the best in town.
- Are the tickets to the theater expensive?
- No. The tickets are cheap.

9

- What kind of restaurant is this?
- This restaurant is very expensive.
- Who is this Frenchman by profession?
- He is a waiter at this restaurant. He serves in a friendly way.

10

- Whose seat is this?
- This is the Spaniard's seat.
- Is it comfortable here?
- Yes. It is comfortable. And your seat is more comfortable.

11

- Where can you buy plane tickets?
- You can buy plane tickets at the ticket office.
- Are plane tickets expensive?
- Yes. Plane tickets are expensive.
- Are train tickets more expensive?
- No. Train tickets are cheaper.

7

- Wessen Schiffsfahrkarten sind das?
- Diese sind Kates Schiffsfahrkarten.
- Sind diese Fahrkarten teuer?
- Ja. Sie sind teuer. Das sind die teuersten Schiffsfahrkarten.
- Wo sind Ihre Schiffsfahrkarten?
- Der Fremdenführer hat meine Schiffsfahrkarten. Sie sind billig.

8

- Ist es nett in diesem Theater?
- Ja. In diesem Theater ist es nett. Dieses Theater ist das Beste in der Stadt.
- Sind die Eintrittskarten für das Theater teuer?
- Nein. Die Karten sind billig.

9

- Was für ein Restaurant ist das?
- Dieses Restaurant ist sehr teuer.
- Was ist dieser Franzose von Beruf?
- Er ist ein Kellner in diesem Restaurant. Er bedient auf sehr nette Art und Weise.

10

- Wessen Platz ist das?
- Das ist der Platz des Spaniers.
- Ist es hier bequem?
- Ja. Es ist bequem. Und Ihr Sitz ist noch bequemer.

11

- Wo können Sie Flugtickets kaufen?
- Sie können Flugtickets im Reisecenter kaufen.
- Sind Flugtickets teuer?
- Ja. Flugtickets sind teuer.
- Sind Zugfahrkarten teurer?
- Nein. Zugfahrkarten sind billiger.

12

- Why does this German look angry?
- This German wants to buy plane tickets.
- Why does he look unhappy?
- Because the tickets are very expensive.

13

- Is this room cheap?
- No. This room is expensive.
- Why is this room expensive?
- Because it is very comfortable.

14

- Does the train go fast?
- Yes. The train goes fast. But the plane flies faster.
- Are plane tickets expensive?
- Yes. Plane tickets are expensive. They are more expensive than train tickets.

15

- Is it boring in this theater?
- No. It is very interesting in this theater.
- Where can you buy tickets for the theater?
- You can buy them at the box office.
- Are they expensive?
- Yes. Tickets are not cheap.

16

- Is it comfortable in this bus?
- Yes. It is comfortable in this bus. But the bus goes slowly.
- What goes faster?
- The plane goes faster. But it is more expensive.

17

- She looks happy.
- Yes. She is going to go to Rome. It is very

12

- Warum schaut dieser Deutsche so verärgert?
- Dieser Deutsche möchte Flugtickets kaufen.
- Warum sieht er so unglücklich aus?
- Weil die Tickets sehr teuer sind.

13

- Ist dieses Zimmer billig?
- Nein. Dieses Zimmer ist teuer.
- Warum ist dieses Zimmer teuer?
- Weil es sehr komfortabel ist.

14

- Fährt der Zug schnell?
- Ja. Der Zug fährt schnell. Aber das Flugzeug fliegt schneller.
- Sind Flugtickets teuer?
- Ja. Flugtickets sind teuer. Sie sind teurer als Zugfahrkarten.

15

- Ist es in diesem Theater langweilig?
- Nein. Es ist in diesem Theater sehr interessant.
- Wo kann man Karten für dieses Theater kaufen?
- Man kann sie an der Abendkasse kaufen.
- Sind sie teuer?
- Ja. Tickets sind nicht billig.

16

- Ist es in diesem Bus bequem?
- Ja. In diesem Bus ist es bequem. Aber der Bus fährt langsam.
- Was ist schneller?
- Das Flugzeug ist schneller. Aber es ist teurer.

17

- Sie sieht glücklich aus.
- Ja. Sie wird nach Rom fahren. Es ist dort sehr schön.

beautiful there.
- Is she going to go by plane?
- Yes. And plane tickets to Rome are not cheap.

- Wird sie mit dem Flugzeug reisen?
- Ja. Und Flugtickets nach Rom sind nicht billig.

Can I walk there?

Kann ich dorthin zu Fuß gehen?

Words

Vokabeln

1. across from [ə'krɔs frɔm] - auf der anderen Seite von
2. around [ə'raʊnd] - um; um ... herum
3. back ['bæk] - zurück
4. bank [bæŋk] - die Bank
5. cathedral [kə'θi:drəl] - die Kathedrale, der Dom (die Domkirche)
6. central ['sentrəl] - zentral
7. church [tʃɜ:tʃ] - die Kirche

8. block of flats, apartment house ['blɔk əv flæts | ə'pɑ:tmənt 'haʊs] - der Wohnblock
9. down [daʊn] - (hin)unter; unten
10. exhibition [ˌeksɪ'bɪʃən] - die Ausstellung
11. four [fɔ:] - vier
12. from [frɔm] - von
13. gallery ['gælərɪ] - die Galerie
14. get to (a place) ['get tʊ ə 'pleɪs] - kommen zu (einem Ort)
15. go out [goʊ 'aʊt] - ausgehen
16. go up [goʊ ʌp] - hinaufgehen
17. near, close [nɪə | kloʊz] - in der Nähe
18. past [pɑ:st] - vorbei
19. play ['pleɪ] - spielen
20. public ['pʌblɪk] - öffentlich
21. reach [ri:tʃ] - erreichen
22. return [rɪ'tɜ:n] - zurückkehren
23. see ['si:] - sehen
24. show [ʃoʊ] - zeigen
25. sit down [sɪt daʊn] - sich setzen
26. six [sɪks] - sechs
27. some, a bit [sʌm | ə bɪt] - etwas, ein bisschen
28. straight [streɪt] - geradeaus
29. tell, say [tel | 'seɪ] - sagen
30. then, later [ðen | 'leɪtə] - danach, später
31. to [tu:] - zu
32. to / on the left [tʊ ɔn ðə left] - links
33. to / on the right [tʊ ɔn ðə raɪt] - rechts
34. transportation [ˌtrænspɔ:'teɪʃən] - der Transport
35. turn [tɜ:n] - abbiegen
36. under ['ʌndə] - unter
37. up [ʌp] - hinauf
38. walk [wɔ:k] - zu Fuß gehen
39. walk around [wɔ:k ə'raʊnd] - herumgehen

Break the ice

Brich das Eis

Little Emilia has an older brother named Paul. She often hears her mom and dad call her brother 'sonny'. While she is walking in the park with her mom, they see Paul coming home from school. Emilia

Die kleine Emilia hat einen älteren Bruder namens Paul. Sie hört ihre Mutter und ihren Vater ihren Bruder oft „Söhnchen" nennen. Während sie mit ihrer Mutter im Park spazieren geht, sehen sie Paul von der Schule

runs up to him.
"Paul, sonny!" she cries happily.

heimkommen. Emilia rennt zu ihm hin.
„Paul, Söhnchen!", ruft sie glücklich.

1

- Could you please tell me how to get to the art gallery?
- Go straight to the church. You need to turn right there. Then pass by the bank and the gallery will be on the right.
- Can you get there by public transport?
- Bus number eight and tram number four go there. You need to go to the "Gallery" stop.

2

- Could you please tell me how to get to the museum?
- Go along this street. At the cathedral, turn left. There will be a large store on the right. The central square is on the opposite side. The museum is there.
- How can you get there by public transportation?
- Bus number seven goes there. The bus will pass under a bridge and you need to get out at the next stop. Then you have to walk up a bit. That is where the museum will be.
- Thank you.

3

- I want to visit the exhibition. How can I get to it?
- You need to take tram number four.

1

- Können Sie mir sagen, wie ich zur Kunstgalerie komme?
- Gehen Sie geradeaus zu der Kirche. Dort müssen Sie rechts abbiegen. Dann kommen Sie an der Bank vorbei und die Galerie ist rechts von Ihnen.
- Kann man mit öffentlichen Verkehrsmitteln dorthin kommen?
- Bus Nummer acht und Straßenbahn Nummer vier fahren dorthin. Sie müssen bis zu der Haltestelle „Galerie" fahren.

2

- Können Sie mir sagen, wie ich zum Museum komme?
- Gehen Sie diese Straße hinunter. An der Kathedrale gehen Sie nach links. Dort ist ein großes Kaufhaus auf der rechten Seite. Gegenüber ist der zentrale Platz. Dort ist das Museum.
- Wie kann man mit öffentlichen Verkehrsmitteln dorthin gelangen?
- Bus Nummer sieben fährt dorthin. Der Bus wird unter einer Brücke durchfahren und Sie müssen an der nächsten Haltestelle aussteigen. Dann müssen Sie ein Stück zu Fuß gehen. Dort ist das Museum.
- Danke.

3

- Ich möchte die Ausstellung besuchen. Wie kann ich dorthin kommen?

Get to the "Gallery" stop. Near the stop is the art gallery. That is where the exhibition will be.

- I need to go to the bus station after the show.

- You will need to go up the street, turn right and the bus station is at the end of the street.

- Thank you.

4

- Could you please tell me how to get to the cathedral?

- Go straight there to that cafe. There, you will need to turn left. Then pass the hotel and the cathedral will be on the right.

- Can you get there by public transport?

- Bus number six and trolleybus number four go there. You need to go to the "Cathedral" stop.

5

- I want to visit the central square. How do I get to it?

- Bus number eight and tram number five go there. You need to go to the "Square" stop.

- Can I walk there?

- Yes, of course. Go that way down the street. Turn right near the cathedral. There is a large store on the right. The central square is opposite it.

6

- Where is the ticket office?

- The ticket office is near the souvenir shop. You need to get to the central

- Sie müssen die Straßenbahn Nummer vier nehmen. Fahren Sie bis zur Haltestelle „Galerie". In der Nähe der Haltestelle ist die Kunstgalerie. Dort findet auch die Ausstellung statt.

- Nach der Show muss ich zum Busbahnhof kommen.

- Sie müssen die Straße hinaufgehen, dann rechts abbiegen. Der Busbahnhof ist am Ende der Straße.

- Danke.

4

- Können Sie mir bitte sagen, wie ich zur Kathedrale komme?

- Gehen Sie geradeaus bis zu dem Café und dort müssen Sie links abbiegen. Dann gehen Sie am Hotel vorbei. Die Kathedrale ist auf der rechten Seite.

- Kann man mit öffentlichen Verkehrsmitteln dorthin kommen?

- Bus Nummer sechs und Oberleitungsbus Nummer vier fahren dorthin. Sie müssen bis zur Haltestelle „Kathedrale" fahren.

5

- Ich möchte den zentralen Platz besuchen. Wie komme ich dorthin?

- Bus Nummer acht und Straßenbahn Nummer fünf fahren dorthin. Sie müssen bis zur Haltestelle „Platz" fahren.

- Kann ich dorthin zu Fuß gehen?

- Ja, natürlich. Gehen Sie hier der Straße entlang. Biegen Sie in der Nähe der Kathedrale rechts ab. Auf der rechten Seite ist dort ein großes Kaufhaus. Der zentrale Platz ist gegenüber.

6

- Wo ist die Kartenverkaufsstelle?

- Die Kartenverkaufsstelle ist in der Nähe des

square. There is a bank on the left of the square. You need to walk around the bank and you will see the ticket office.
- Thank you. And how can you get to the square?
- Bus number eight goes there. You need to go to the "Square" stop.

7

- Could you please tell me how to get to the theater?
- Go straight that way to the hotel. Turn right there. Then pass by the bank and the theater will be on the right.
- Can you get there by public transport?
- Bus number six and trolleybus number two go there. You need to go the "Theater" stop.

8

- Could you please tell me how to get to the airport?
- Go there right up to the end of the street. There, you will need to turn left. Then walk up the street three blocks and the airport will be on the left.
- Can you get there by public transport?
- Bus number five and tram number six go there. You need to go to the "Airport" stop.

9

- I want to go to the show. How can I get there?
- Take trolleybus number two and get to the "Theater" stop. The theater is near the stop. The show takes place there.
- I need to go to the train station after

Souvenirgeschäftes. Sie müssen zum zentralen Platz fahren. Links vom Platz liegt eine Bank. Sie müssen um die Bank herumgehen und dann sehen Sie die Kartenverkaufsstelle.
- Danke. Und wie kann ich zu dem Platz kommen?
- Bus Nummer acht fährt dorthin. Sie müssen bis zur Haltestelle „Platz“ fahren.

7

- Können Sie mir bitte sagen, wie ich zum Theater komme?
- Gehen Sie geradeaus zum Hotel. Dort biegen Sie rechts ab. Dann gehen Sie an der Bank vorbei. Das Theater ist auf der rechten Seite.
- Kann ich mit öffentlichen Verkehrsmitteln dorthin kommen?
- Bus Nummer sechs und Oberleitungsbus Nummer zwei fahren dorthin. Sie müssen bis zur Haltestelle „Theater“ fahren.

8

- Können Sie mir bitte sagen, wie ich zum Flughafen komme?
- Gehen Sie bis zum Ende der Straße. Dort biegen Sie nach links ab. Dann gehen sie drei Blocks die Straße hinunter. Der Flughafen ist auf der linken Seite.
- Kann man mit öffentlichen Verkehrsmitteln dorthin kommen?
- Bus Nummer fünf und Straßenbahn Nummer sechs fahren dorthin. Sie müssen bis zur Haltestelle „Flughafen“ fahren.

9

- Ich möchte gern zu der Show gehen. Wie kann ich dorthin kommen?
- Nehmen Sie den Oberleitungsbus Nummer zwei bis zur Haltestelle „Theater“. Das Theater ist in der

the show.
- You will need to go up the street, turn left, and there is a stop at the end of the street. You need to take bus number three. It goes straight to the railway station. That is the final stop.
- Thank you.

10

- Could you please tell me how to get to the park?
- Go straight that way to the church. Turn to the right there. Then walk past the main square and the park will be on the left.
- Can you get there by public transport?
- Bus number seven and tram number four go there. You need to go to the "Park" stop.

11

- Where is the gift shop?
- The gift shop is located in the central square.
- Thank you. And how can I get to the square?
- Bus number eight goes there. You need to go to the "Square" stop.
- Can you walk there?
- Yes. You need to go to the park. There on the left of the park is a bridge over the river. You need to go under it and you will see the square. The souvenir shop is right there.

12

- Can you please tell me how to get to the restaurant?

Nähe der Haltestelle. Dort findet die Show statt.
- Ich muss nach der Show zum Bahnhof kommen.
- Sie müssen die Straße entlanggehen und links abbiegen. Dort ist die Haltestelle am Ende der Straße. Sie müssen Bus Nummer drei nehmen. Er fährt geradewegs zum Bahnhof. Das ist auch die Endhaltestelle.
- Danke.

10

- Können Sie mir bitte sagen, wie ich zum Park komme?
- Gehen Sie geradeaus bis zur Kirche. Dort biegen Sie rechts ab. Dann laufen Sie bis hinter den Platz. Der Park ist auf der linken Seite.
- Kann man mit öffentlichen Verkehrsmitteln dorthin kommen?
- Bus Nummer sieben und Straßenbahn Nummer vier fahren dorthin. Sie müssen bis zur Haltestelle „Park“ fahren.

11

- Wo ist der Geschenkeladen?
- Der Geschenkeladen liegt am zentralen Platz.
- Danke. Wie kann ich zu dem Platz kommen?
- Bus Nummer acht fährt dorthin. Sie müssen bis zur Haltestelle „Platz“ fahren.
- Kann man auch dorthin laufen?
- Ja. Sie müssen bis zu dem Park gehen. Links vom Park gibt es eine Brücke über den Fluss. Sie müssen über die Brücke gehen und werden dann den Platz sehen. Das Geschäft mit Souvenirs ist auf der rechten Seite.

12

- Können Sie mir bitte sagen, wie ich zum Restaurant komme?
- Gehen Sie hier die Straße entlang. Biegen Sie in

- Go that way down the street. Turn left near the hotel. There is a large store on the right. The restaurant is across from it.
- How can you go there by public transportation?
- Bus number seven goes there. The bus will pass under a bridge and you need to get off at the next stop. Then walk up a bit. The restaurant is there.
- Thank you.

13

- Where can I buy tickets for the theater?
- Tickets can be purchased at the theater box office.
- Where is the box office?
- The box office is near the shop with souvenirs. You need to get to the central square. There is a bank to the right of the square. You will see the box office there.
- Thank you. And how can I to get to the square?
- Bus number eight goes to there. You need to go to the "Square" stop.

14

- Could you please tell me how to get to the railway station?
- Go up the street. Then turn right. There is a bus stop there. Take bus number three. It goes straight to the railway station. That is the final stop.
- Thank you.

der Nähe des Hotels links ab. Dort finden Sie ein großes Kaufhaus auf der rechten Seite. Das Restaurant ist genau gegenüber.
- Wie kann man mit den Verkehrsmitteln dorthin kommen?
- Bus Nummer sieben fährt dorthin. Der Bus wird auf einer Brücke fahren und Sie müssen dann an der nächsten Haltestelle aussteigen. Dann gehen Sie ein Stück zu Fuß. Dort ist das Restaurant.
- Danke.

13

- Wo kann ich Eintrittskarten für das Theater kaufen?
- Eintrittskarten kann man an der Theaterkasse kaufen.
- Wo ist die Theaterkasse?
- Die Theaterkasse ist in der Nähe des Souvenirgeschäftes. Sie müssen zum zentralen Platz fahren. Rechts vom Platz ist eine Bank. Dort werden Sie die Theaterkasse sehen.
- Danke. Und wie kann ich zu dem Platz kommen?
- Bus Nummer acht fährt dorthin. Sie müssen bis zur Haltestelle „Platz“ fahren.

14

- Können Sie mir bitte sagen wie ich zu Fuß zum Bahnhof komme?
- Gehen Sie die Straße hinauf. Dann biegen Sie rechts ab. Dort ist eine Bushaltestelle. Nehmen Sie den Bus Nummer drei. Er fährt geradewegs zum Bahnhof. Das ist auch die Endhaltestelle.
- Danke.

15

- I want to visit the cathedral. How can I reach it?
- Take tram number eight. Go to the bus stop "Square". The central square is near the stop. The cathedral is there on the right.
- Does tram number eight go to the train station?
- No. Tram number five goes to the train station. You will need to go up the street. The tram stop is at the end of the street.
- Thank you.

16

- Could you please tell me how to get to the bus station?
- Go straight that way to the bus stop. Turn left there. Then walk past the shop and the bus station is on the right.
- Can you get there by public transport?
- Trolleybus number four goes these. You need to go to the "Bus station" stop.

17

- I want to visit the pool. How can I get there?
- Bus number three and tram number six go there. You need to go to the "Hotel" stop.
- Can I walk there?
- Yes, of course. Go that way along the street. Turn left at the cathedral. There is a big hotel on the right. The swimming pool near the hotel.

15

- Ich möchte die Kathedrale besuchen. Wie kann ich sie erreichen?
- Nehmen Sie Straßenbahn Nummer acht. Fahren Sie bis zur Bushaltestelle „Platz“. Der zentrale Platz ist in der Nähe der Haltestelle. Die Kathedrale ist auf der rechten Seite.
- Fährt die Straßenbahn Nummer acht zum Bahnhof?
- Nein. Straßenbahn Nummer fünf fährt zum Bahnhof. Sie müssen die Straße hinauf gehen. Die Straßenbahnhaltestelle ist am Ende der Straße.
- Danke.

16

- Können Sie mir sagen, wie ich zum Busbahnhof komme?
- Gehen Sie hier geradeaus bis zur Bushaltestelle. Dort biegen Sie links ab. Dann gehen Sie am Geschäft vorbei. Der Busbahnhof ist auf der rechten Seite.
- Kann man mit öffentlichen Verkehrsmitteln dorthin kommen?
- Oberleitungsbus Nummer vier fährt dorthin. Sie müssen bis zur Haltestelle „Busbahnhof“ fahren.

17

- Ich möchte das Schwimmbad besuchen. Wie kann ich dorthin kommen?
- Bus Nummer drei und Straßenbahn Nummer sechs fahren dorthin. Sie müssen bis zur Haltestelle „Hotel“ fahren.
- Kann ich zu Fuß dorthin gehen?
- Ja, natürlich. Gehen Sie hier die Straße entlang. Biegen Sie an der Kathedrale links ab. Auf der rechten Seite dort ist ein großes Hotel. Das Schwimmbad ist in der Nähe des Hotels.

I want to buy some fruit

Ich möchte gern etwas Obst kaufen

Words

Vokabeln

1. a few, some [ə fju: | sʌm] - einige
2. appearance, look [ə'pɪərəns | lʊk] - das Aussehen
3. apple ['æpəl] - der Apfel
4. butterfly ['bʌtəflaɪ] - der Schmetterling
5. carry, bring ['kærɪ | brɪŋ] - tragen

6. choice, selection [tʃɔɪs | sɪ'lekʃən] - die Auswahl
7. dress [dres] - das Kleid
8. enter ['entə] - betreten
9. trip, excursion [trɪp | ɪk'skɜ:ʃən] - der Ausflug
10. fruit [fru:t] - das Obst
11. give [gɪv] - geben
12. help [help] - helfen
13. like ['laɪk] - mögen
14. measure ['meʒə] - messen
15. new [nju:] - neu
16. other ['ʌðə] - andere(r / s)
17. ride [raɪd] - fahren
18. sit down [sɪt daʊn] - sich setzen
19. size [saɪz] - die Größe
20. someone ['sʌmwʌn] - jemand
21. start [stɑ:t] - losfahren, beginnen
22. take [teɪk] - nehmen
23. understand [ˌʌndə'stænd] - verstehen
24. water ['wɔ:tə] - das Wasser
25. written ['rɪtən] - schriftlich, geschrieben

Break the ice

Brich das Eis

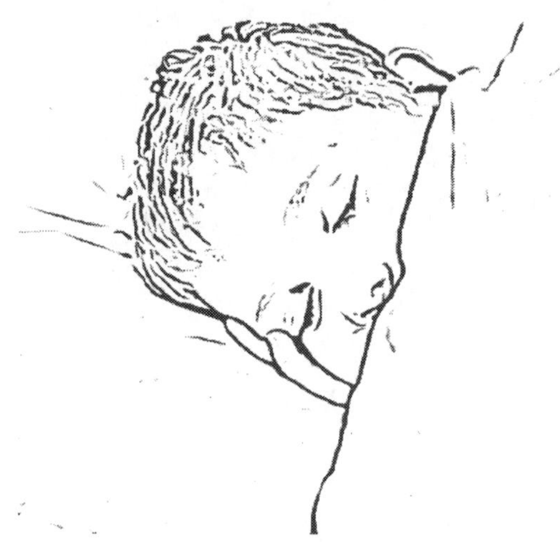

It is time to go to bed. Little Max is already in the bed. The mom comes in to say good night.
"I hope you have an interesting dream," the mom says and kisses her son.
"As Optimus is shooting at Megatron with a laser cannon," the son smiles and closes his eyes.

Es ist Zeit, ins Bett zu gehen. Der kleine Max ist bereits im Bett. Die Mutter kommt herein, um gute Nacht zu sagen.
„Ich hoffe, du hast einen interessanten Traum", sagt die Mutter und küsst ihren Sohn.
„Als Optimus mit einer Laser-Kanone auf Megatron schießt", lächelt der Sohn und schließt seine Augen.

1

- Tell me please, where you can buy a few souvenirs?
- Go to the central square. There is a souvenir shop there. They have a great selection.
- Tell me, how do I get to the main square?
- Take bus number eight. Ride it until the "Square" stop.
- Thank you.

2

- Please tell me, how I can get to the park?
- I do not know. Ask someone else.
- Can you tell me, how I can get to the park?
- Yes. Go that way down the street. At the cathedral, turn left. The park is on the left.
- Thank you.

3

- I need a new dress. Help me, please.
- Try this dress on. This dress is very beautiful.
- Give me another size. This size is too small.
- Here you go. We have other very good dresses. Try on some more.
- I like these two dresses.
- Buy two dresses.
- Okay. I am taking two.

1

- Können Sie mir bitte sagen, wo man einige Souvenirs kaufen kann?
- Gehen Sie zu dem zentralen Platz. Dort ist ein Souvenirgeschäft. Sie haben eine große Auswahl.
- Sagen Sie, wie komme ich zu dem Hauptplatz?
- Nehmen Sie Bus Nummer acht. Fahren Sie bis zur Haltestelle “Platz“.
- Danke.

2

- Bitte sagen Sie mir, wie ich zum Park komme.
- Ich weiß es nicht. Fragen Sie eine andere Person.
- Können Sie mir sagen, wie ich zum Park komme?
- Ja. Gehen Sie die Straße hinunter. An der Kathedrale biegen Sie links ab. Der Park ist auf der linken Seite.
- Danke.

3

- Ich brauche ein neues Kleid. Helfen Sie mir bitte.
- Probieren Sie dieses Kleid an. Das Kleid ist sehr schön.
- Geben Sie mir eine andere Größe. Diese Größe ist zu klein.
- Bitte sehr. Wir haben andere sehr schöne Kleider. Probieren Sie noch einige an.
- Ich mag diese beiden Kleider.
- Kaufen Sie beide Kleider.
- Gut. Ich nehme zwei.

4

- Enter the room, please.
- Thank you.
- Sit down, please. Help yourself to some apples. Here is some water, drink.
- Thank you. Do you have a phone? I need to call a friend.
- Yes of course. It is here.

5

- Tell me please, how to get to the airport?
- Take bus number five or tram number five. Ride it to the "Airport" stop.

6

- Tell me, please, how I can get to the art gallery?
- I do not know. Ask someone else. Or look at a map.
- I do not have a map.
- Go to that store. The store sells several types of maps. Buy a map there.
- Thank you.

7

- I want to take a trip.
- Get tickets for the ship. It is going off in an hour.
- Tell me, where I can buy tickets?
- You can buy them at that ticket office.
- Thank you.

8

- Do you have brochures?
- Yes. Take this brochure. It is in English.
- Please read what is written here. I cannot understand.
- Sure.

4

- Treten Sie bitte in das Zimmer.
- Danke.
- Setzen Sie sich, bitte. Nehmen Sie sich von den Äpfeln und hier ist etwas Wasser, trinken Sie.
- Danke. Haben Sie ein Telefon? Ich muss einen Freund anrufen.
- Ja, natürlich. Hier ist es.

5

- Sagen Sie mir bitte, wie ich zum Flughafen komme?
- Neben Sie Bus Nummer fünf oder die Straßenbahn Nummer fünf. Fahren Sie bis zur Haltestelle „Flughafen“.

6

- Sagen Sie mir bitte, wie ich zu der Kunstgalerie kommen kann?
- Ich weiß nicht. Fragen Sie eine andere Person. Oder sehen Sie auf dem Stadtplan nach.
- Ich habe keinen Plan.
- Gehen Sie zu dem Geschäft. Das Geschäft verkauft verschiedene Karten. Kaufen Sie dort einen Stadtplan.
- Danke.

7

- Ich möchte einen Ausflug machen.
- Besorgen Sie sich Fahrkarten für das Schiff. Es fährt in einer Stunde los.
- Sagen Sie mir, wo ich Fahrkarten kaufen kann?
- Sie können sie am Fahrkartenschalter kaufen.
- Danke.

8

- Haben Sie Prospekte?
- Ja. Nehmen Sie diesen Prospekt. Er ist in Englisch.
- Bitte lesen Sie was hier steht. Ich kann das nicht verstehen.
- Gewiss.

9

- Look at this museum. It looks very old.
- Come in, there is an exhibition of butterflies now. Get your tickets at the box office.
- Fine, thanks. Give me two tickets.
- Take them, please.

10

- I want to buy some fruit. Could you please tell me where to buy some?
- Go to the shop near the hotel. And bring me some.
- Sure, I will buy you some too.
- Here is the money. Thank you so much.

11

- I want to go to the exhibition. Could you please tell me how I can get to it?
- Take tram number four. Go to the "Gallery" stop. The art gallery is near the stop. The exhibition is taking place there.
- I need to go to the bus station after the show. Can you tell me how to get to it?
- Go up the street. Turn right and at the end of the street is the bus station.
- Thank you.

9

- Schauen Sie sich dieses Museum an. Es sieht sehr alt aus.
- Kommen Sie herein, es gibt jetzt eine Ausstellung mit Schmetterlingen. Holen Sie sich Ihre Eintrittskarten an der Kasse.
- Prima, danke. Geben Sie mir zwei Karten.
- Bitte nehmen Sie sie.

10

- Ich möchte gern etwas Obst kaufen. Könnten Sie mir sagen, wo man das kaufen kann?
- Gehen Sie zu dem Geschäft in der Nähe des Hotels. Und bringen Sie mir auch etwas mit.
- Gewiss, ich werde Ihnen auch etwas kaufen.
- Hier ist das Geld. Ganz herzlichen Dank.

11

- Ich möchte gern zu der Ausstellung gehen. Können Sie mir bitte sagen wie ich dorthin komme?
- Nehmen Sie die Straßenbahn Nummer vier. Fahren Sie bis zur Haltestelle „Galerie". Dort findet die Ausstellung statt.
- Ich muss nach der Show zum Busbahnhof gehen. Können Sie mir sagen, wie ich dorthin komme?
- Gehen Sie die Straße hinauf. Biegen Sie dann rechts ab. Am Ende der Straße ist der Busbahnhof.
- Danke.

A travel agency

Ein Reisebüro

Words

Vokabeln

1. 5- star [faɪv stɑː] - Fünf-Sterne
2. about [əˈbaʊt] - über
3. Africa [ˈæfrɪkə] - Afrika
4. agency [ˈeɪdʒənsɪ] - die Agentur, das Büro
5. already [ɔːlˈredɪ] - schon
6. ancient [ˈeɪnʃənt] - antik, altertümlich

7. animal ['ænɪməl] - das Tier
8. answer ['ɑ:nsə] - antworten
9. ask [ɑ:sk] - fragen
10. be afraid [bɪ ə'freɪd] - Angst haben
11. beach [bi:tʃ] - der Strand
12. bigger ['bɪgə] - größer
13. boundless ['baʊndlɪs] - grenzenlos
14. Brazil [brə'zɪl] - Brasilien
15. carnival ['kɑ:nɪvəl] - der Karneval
16. choose [tʃu:z] - wählen
17. crime rate [kraɪm reɪt] - die Verbrechensrate
18. desert ['dezət] - die Wüste
19. dollar ['dɔlə] - der Dollar
20. Egypt ['i:dʒɪpt] - Ägypten
21. elephant ['elɪfənt] - der Elefant
22. employee [ˌemploɪ'i:] - die Angestellte
23. first ['fɜ:st] - erste, erster, erstes
24. freeze [fri:z] - frieren
25. hilly ['hɪlɪ] - hügelig
26. inclusive [ɪn'klu:sɪv] - inklusive
27. India ['ɪndɪə] - Indien
28. insurance [ɪn'ʃʊərəns] - die Versicherung
29. Kenya ['kenjə] - Kenia
30. many, much, a lot of ['menɪ | 'mʌtʃ | ə lɔt ɔv] - viel, viele
31. meet [mi:t] - treffen
32. million ['mɪlɪən] - die Million
33. more [mɔ:] - mehr
34. national ['næʃnəl] - national
35. night (Adj.) [naɪt] - nächtlich
36. pleasant, nice ['pleznt | naɪs] - angenehm
37. price [praɪs] - der Preis
38. program ['proʊgræm] - das Programm
39. resort [rɪ'zɔ:t] - der Urlaubsort
40. service ['sɜ:vɪs] - der Service
41. simple, simply ['sɪmpəl | 'sɪmplɪ] - einfach
42. six hundred [sɪks 'hʌndrəd] - sechshundert
43. sky [skaɪ] - der Himmel
44. speak [spi:k] - sprechen
45. star [stɑ:] - der Stern
46. suit [sju:t] - gefallen
47. tell [tel] - erzählen
48. territory, terrain ['terɪtɚɪ | te'reɪn] - das Gebiet
49. then [ðen] - dann
50. time ['taɪm] - die Zeit, das Mal
51. tour [tʊə] - die Tour, die Fahrt
52. tourist (Adj.) ['tʊərɪst] - touristisch
53. transfer ['trænsfɜ:] - der Transfer
54. trip [trɪp] - der Ausflug
55. Turkey ['tɜ:kɪ] - die Türkei
56. use ['ju:s] - verwenden, benutzen
57. value, price ['vælju: | praɪs] - der Wert, der Preis
58. wait [weɪt] - warten
59. war [wɔ:] - der Krieg
60. which [wɪtʃ] - welche
61. wife [waɪf] - die (Ehe)frau
62. wild [waɪld] - wild
63. yacht [jɔt] - die Yacht

Break the ice

Brich das Eis

"Would you like to get monkey's feet?" a boy asks his older sister.
"Why?" she asked surprised.
"Monkey's feet are like hands! You can do your homework with your hands and play on the computer with your feet at the same time!"

„Würdest du gerne Affenfüße bekommen?", fragt ein Junge seine ältere Schwester.
„Warum?", fragte sie überrascht.
„Affenfüße sind wie Hände! Du kannst deine Hausaufgaben mit deinen Händen machen und mit deinen Füßen zur gleichen Zeit Computer spielen!"

A man and a woman come into a travel agency. The agency employee meets them.
"Good morning," the employee says.
"Good morning," the man and the woman answer.
"Sit down, please," the employee says.
"Thank you," the woman says. The man

Ein Mann und eine Frau kommen in ein Reisebüro. Die Angestellte begrüßt sie.
„Guten Morgen", sagt die Angestellte.
„Guten Morgen", antworten der Mann und die Frau.
„Bitte, setzen Sie sich", sagt die Angestellte.
„Danke", sagt die Frau. Der Mann und die Frau setzen sich.

and woman sit down.
"My name is Sandra," the employee of the agency says.
"It is nice to meet you. My name is Ellie," the woman answers.
"My name is Sam," the man says.
"Have you used the services of our agency before?" Sandra asks.
"No," Ellie answers. "This is our first time at your agency. Tell me, please, what tours can you offer?"
"We can offer you a tour to India," the employee says. "India means ancient towns, beaches, elephant trekking tours. We offer tours with an interesting program of holiday resorts. You can choose a hotel with three, four and five stars."
"Very interesting," Sam says.
"No. There are many poor people in India," Ellie answers. "We do not want to go there."
"Then we can offer you a tour to Egypt," the employee says. "A wonderful five star hotel. There is a pool on site. A breakfast buffet is included in the price. Prices begin at six hundred dollars. The tour includes two trips. One of them is an excursion on a yacht. And the other one is a tour of the old city. Insurance and transfer are also included in the tour price. Nearby, there are no poor neighborhoods."
"There is a war going on in Egypt," Ellie says. "We are afraid to go there."

„Mein Name ist Sandra", sagt die Reisebüro-Angestellte.
„Es ist nett, Sie kennenzulernen. Mein Name ist Ellie", antwortet die Frau.
„Mein Name ist Sam", sagt der Mann.
„Haben Sie schon einmal die Dienste unserer Agentur benutzt?", fragt Sandra.
„Nein", antwortet Ellie. „Wir sind zum ersten Mal in Ihrer Agentur. Sagen Sie bitte, welche Fahrten Sie anbieten können."
„Wir können Ihnen eine Fahrt nach Indien anbieten", sagt die Angestellte. „Indien bedeutet altertümliche Städte, Strände, Trekkingtouren mit Elefanten. Wir bieten Touren mit einem interessanten Programm an Urlaubsorten. Sie können ein Hotel mit drei, vier oder fünf Sternen wählen."
„Sehr interessant", sagt Sam.
„Nein. Es gibt viele arme Menschen in Indien", antwortet Ellie. „ Dorthin wollen wir nicht fahren."
„Dann können wir eine Fahrt nach Ägypten anbieten", sagt die Angestellte. „Ein wunderbares Fünf-Sterne-Hotel. Dort gibt es ein Schwimmbad. Ein Frühstücksbuffet ist im Preis eingeschlossen. Die Preise beginnen bei $600. Die Fahrt beinhaltet zwei Ausflüge. Der Erste ist ein Yachtausflug. Und der andere ist eine Tour rund um die alte Stadt. Versicherung und Transport sind im Tourpreis ebenfalls eingeschlossen. Es gibt in der Nähe auch keine Armenviertel."
„In Ägypten gibt es Krieg", sagt Ellie. „Wir haben Angst, dorthin zu fahren."
„Wir haben auch Fahrten in die Türkei", sagt Sandra.

"We have tours to Turkey," Sandra says. "We can offer you..."

"No, no," the wife says. "Turkey does not suit us either."

"We have been there three times already," Sam says.

"Maybe you want to go to a mountain resort?" Sandra asks.

"No. It is cold there. I do not want to freeze," Ellie says. "What else can you offer to us?"

"We can offer you a tour to Brazil," says the employee.

"Oh yeah! And we will be able to visit Carnival!" Sam says.

"No. There is high crime rate in Brazil. Something could happen. And it is very expensive," Ellie says.

"Then I can offer you a tour to Kenya," Sandra says. "Africa means vast deserts and the night sky with a million of stars. You can visit a national park with wild animals. You may like a trip on elephant's backs."

"That's just great!" Sam says.

"Yes, that's interesting," Ellie says.

"Maybe you can tell us more about this tour?"

„Wir können Ihnen auch anbieten..."

„Nein, nein", sagt die Frau. „Die Türkei gefällt uns auch nicht."

„Wir sind dort schon dreimal dort gewesen", sagt Sam.

„Vielleicht möchten Sie zu einem Urlaubsort in den Bergen?", fragt Sandra.

„Nein. Dort ist es kalt. Ich möchte nicht frieren", sagt Ellie. „Was können Sie uns sonst noch anbieten?"

„Wir können Ihnen eine Fahrt nach Brasilien anbieten", sagt die Angestellte.

„Oh ja! Und wir können dort den Karneval besuchen!", sagt Sam.

„Nein. Es gibt eine hohe Verbrechensrate in Brasilien. Etwas könnte uns passieren. Und es ist sehr teuer", sagt Ellie.

„Dann kann ich Ihnen eine Tour nach Kenia anbieten", sagt Sandra. „Afrika bedeutet einsame Wüsten und einen Nachthimmel mit Millionen von Sternen. Sie können einen Nationalpark mit wilden Tieren besuchen. Vielleicht mögen Sie einen Ausflug auf Elefantenrücken."

„Das ist einfach großartig!", sagt Sam.

„Ja, das ist interessant", sagt Ellie.

„Vielleicht können Sie uns mehr über diese Tour erzählen?"

Wörterbuch Englisch- Deutsch

5- star [faɪv stɑ:] - Fünf- Sterne
a few, some [ə fju: | sʌm] - einige
about [ə'baʊt] - über, von
above [ə'bʌv] - über
across from [ə'krɔs frɔm] - auf der anderen Seite von
Africa ['æfrɪkə] - Afrika
after ['ɑ:ftə] - nach
agency ['eɪdʒənsɪ] - die Agentur, das Büro
air conditioner [eə kən'dɪʃənə] - die Klimaanlage
airplane ['eəpleɪn] - das Flugzeug
airport ['eəpɔ:t] - der Flughafen
already [ɔ:l'redɪ] - schon
also, too ['ɔ:lsoʊ | tu:] - auch
American [ə'merɪkən] - der Amerikaner, die Amerikanerin
ancient ['eɪnʃənt] - antik, altertümlich
and [ænd] - und
angry ['æŋgrɪ] - verärgert
angry, angrily ['æŋgrɪ | angrəlɪ] - verärgert
animal ['ænɪməl] - das Tier
answer ['ɑ:nsə] - antworten
appearance, look [ə'pɪərəns | lʊk] - das Aussehen
apple ['æpəl] - der Apfel
around [ə'raʊnd] - um
ask [ɑ:sk] - fragen
at [æt] - bei
athlete ['æθli:t] - der Sportler
attractive [ə'træktɪv] - attraktiv
back ['bæk] - zurück
bad [bæd] - schlimm, schlecht
bag [bæg] - die Tasche
bank [bæŋk] - die Bank
bar [bɑ:] - die Bar
barber shop ['bɑ:bə ʃɔp] - der Friseur
bathroom ['bɑ:θru:m] - die Toilette, das Badezimmer, das Bad
bathtub ['bɑ:θtʌb] - die Badewanne
be (am / is / are) [bɪ əm ɪz ɑ:] - sein (bin / bist / ist / sind / seid)
be able to, can [bɪ 'eɪbəl tu: | kæn] - können
be afraid [bɪ ə'freɪd] - Angst haben
be going to [bɪ 'goʊɪŋ tu:] - für geplante persönliche Ereignisse: I am going to visit the doctor today afternoon. - Ich besuche den Arzt heute nachmittag.
be ill / sick [bɪ ɪl sɪk] - krank sein
be sold [bɪ soʊld] - verkauft werden
beach [bi:tʃ] - der Strand
beautiful ['bju:təfəl] - schön
because [bɪ'kɔz] - weil
bed [bed] - das Bett
behind [bɪ'haɪnd] - hinter
big [bɪg] - groß
bigger ['bɪgə] - größer
bike, bicycle [baɪk | 'baɪsɪkəl] - das Fahrrad, das Rad
block of flats, apartment house ['blɔk əv flæts | ə'pɑ:tmənt 'haʊs] - der Wohnblock
book [bʊk] - das Buch
boring ['bɔ:rɪŋ] - langweilig
boundless ['baʊndlɪs] - grenzenlos
boy [ˌbɔɪ] - der Junge
Brazil [brə'zɪl] - Brasilien
bridge [brɪdʒ] - die Brücke
brochure ['broʊʃə] - der Prospekt
build [bɪld] - bauen
builder ['bɪldə] - der Bauarbeiter
bus [bʌs] - der Bus
bus station [bʌs 'steɪʃən] - der Busbahnhof
but [bʌt] - aber
butterfly ['bʌtəflaɪ] - der Schmetterling

buy [baɪ] - kaufen
buyer ['baɪə] - der Käufer
by [baɪ] - von, durch
cafe ['kæfeɪ] - das Café
call [kɔ:l] - anrufen, besuchen
camera ['kæmərə] - die Kamera
can [kæn] - können, dürfen
careful ['keəfʊl] - vorsichtig
carnival ['kɑ:nɪvəl] - der Karneval
carry, bring ['kærɪ | brɪŋ] - tragen
cash register [kæʃ 'redʒɪstə] - die Kasse
cathedral [kə'θi:drəl] - die Kathedrale, der Dom (die Domkirche)
center ['sentə] - das Zentrum
central ['sentrəl] - zentral
chair [tʃeə] - der Stuhl
cheap [tʃi:p] - billig
cheap, inexpensive [tʃi:p | ˌɪnɪk'spensɪv] - billig, günstig
Chinese [tʃaɪ'ni:z] - der Chinese, die Chinesin, chinesisch (Adj.)
choice, selection [tʃɔɪs | sɪ'lekʃən] - die Auswahl
choose [tʃu:z] - wählen
church [tʃɜ:tʃ] - die Kirche
city ['sɪtɪ] - die Stadt
clean [kli:n] - sauber
clothes [kloʊðz] - die Kleider, die Kleidung
coffee ['kɔfɪ] - der Kaffee
cold [koʊld] - kalt
come [kʌm] - kommen
come on / let's [kʌm ɔn lets] - los / lasst uns
comfortable, convenient ['kʌmftəbəl | kən'vi:nɪənt] - bequem
comfortably ['kʌmftəblɪ] - bequem
company ['kʌmpənɪ] - die Gesellschaft
computer [kəm'pju:tə] - der Computer
cook [kʊk] - kochen
cost [kɔst] - kosten
crime rate [kraɪm reɪt] - die Verbrechensrate
cure, to treat [kjʊə | tə tri:t] - behandeln
day [deɪ] - der Tag
dentist ['dentɪst] - der Zahnarzt
desert ['dezət] - die Wüste
dirty ['dɜ:tɪ] - schmutzig
disk [dɪsk] - die CD
do [du:] - machen
doctor, physician ['dɔktə | fɪ'zɪʃən] - der Arzt
dollar ['dɔlə] - der Dollar
door [dɔ:] - die Tür
down [daʊn] - (hin)unter
dress [dres] - das Kleid
drink [drɪŋk] - trinken
drive [draɪv] - fahren
driver ['draɪvə] - der Fahrer
drugstore ['drʌgstɔ:] - die Apotheke
eat [i:t] - essen
Egypt ['i:dʒɪpt] - Ägypten
eight [eɪt] - acht
elephant ['elɪfənt] - der Elefant
eleven [ɪ'levən] - elf
employee [ˌemplɔɪ'i:] - die Angestellte
end [end] - das Ende
England ['ɪŋglənd] - England
English ['ɪŋglɪʃ] - die Engländerin, der Engländer, englisch (Adj.)
enter ['entə] - betreten
evening ['i:vənɪŋ] - der Abend
exhibition [ˌeksɪ'bɪʃən] - die Ausstellung
expensive [ɪk'spensɪv] - teuer
fan [fæn] - der Ventilator
fast [fɑ:st] - schnell
final ['faɪnəl] - endgültig
find [faɪnd] - finden
first ['fɜ:st] - erste

five [faɪv] - fünf
flash drive [flæʃ draɪv] - der Speicherstick
fly [flaɪ] - fliegen
food [fu:d] - die Nahrung
football / soccer ['fʊtbɔ:l 'sɔkə] - das Fußball(spiel)
for, to [fɔ: | tu:] - für
four [fɔ:] - vier
free [fri:] - kostenlos
freeze [fri:z] - frieren
French [frentʃ] - der Franzose, die Französin, französisch (Adj.)
Friday ['fraɪdeɪ] - der Freitag
fridge [frɪdʒ] - der Kühlschrank
friend ['frend] - der (die) Freund(in)
friendly ['frendlɪ] - freundlich
from [frɔm] - von
from where [frəm weə] - woher
fruit [fru:t] - das Obst
gallery ['gælərɪ] - die Galerie
game [geɪm] - das Spiel
German ['dʒɜ:mən] - der Deutsche, die Deutsche, deutsch (Adj.)
Germany ['dʒɜ:mənɪ] - Deutschland
get ready ['get 'redɪ] - sich vorbereiten
get to (a place) ['get tʊ ə 'pleɪs] - kommen zu (einem Ort)
girl [gɜ:l] - das Mädchen
give [gɪv] - geben
go [goʊ] - gehen, fahren
go out [goʊ 'aʊt] - ausgehen
go up [goʊ ʌp] - hinaufgehen
good [gʊd] - gut
Greek ['gri:k] - der Grieche, die Griechin, griechisch
guide [gaɪd] - der (die) Fremdenführer(in)
hall, auditorium [hɔ:l | ˌɔ:dɪ'tɔ:rɪəm] - das Auditorium
handle ['hændəl] - der Handgriff
happen ['hæpən] - passieren
happy, happily ['hæpɪ | 'hæpɪlɪ] - glücklich
have [hæv] - haben
he [hɪ] - er
head [hed] - der Kopf
hear [hɪə] - hören
heavy ['hevɪ] - schwer
help [help] - helfen
here [hɪə] - hier
here is / are [hɪə ɪz / ɑ:] - hier ist / sind
high, tall [haɪ | tɔ:l] - groß
high-quality [haɪ'kwɔlɪtɪ] - hohe Qualität, erstklassig
hilly ['hɪlɪ] - hügelig
hotel [ˌhoʊ'tel] - das Hotel
hour ['aʊə] - die Stunde
how ['haʊ] - wie
how much, how many ['haʊ 'mʌtʃ | 'haʊ mənɪ] - wieviel, wie viele
hurt [hɜ:t] - schmerzen, weh tun
I ['aɪ] - ich
in, into [ɪn | 'ɪntə] - in, hinein
inclusive [ɪn'klu:sɪv] - inklusive
India ['ɪndɪə] - Indien
insurance [ɪn'ʃʊərəns] - die Versicherung
interesting ['ɪntrəstɪŋ] - interessant
international [ˌɪntə'næʃənəl] - international
internet ['ɪntənet] - das Internet
introduce [ˌɪntrə'dju:s] - einführen, vorstellen
is (located) [ɪz loʊ'keɪtɪd] - ist, befindet sich
it [ɪt] - es
Italian [ɪ'tæljən] - der Italiener, die Italienerin, italienisch (Adj.)
Italy ['ɪtəlɪ] - Italien
Japanese [ˌdʒæpə'ni:z] - der Japaner, die Japanerin
Kenya ['kenjə] - Kenia
key [ki:] - der Schlüssel

keyboard ['ki:bɔ:d] - die Tastatur
kind [kaɪnd] - freundlich
know [noʊ] - wissen
language ['læŋgwɪdʒ] - die Sprache
laundromat ['lɔndrəˌmæt] - die Wäscherei
learn, study [lɜ:n | 'stʌdɪ] - lernen
lesson ['lesən] - die Lektion, der Unterricht
letter ['letə] - der Brief
like ['laɪk] - mögen
little table ['lɪtəl 'teɪbəl] - der Beistelltisch
live [laɪv] - wohnen
long ['lɔŋ] - lang
look [lʊk] - aussehen; ansehen
love ['lʌv] - lieben
low [loʊ] - niedrig
low-quality [loʊ'kwɔlɪtɪ] - niedrige Qualität, schlecht
lunch ['lʌntʃ] - dass Mittagessen
magazine [ˌmægə'zi:n] - die Zeitschrift
man [mæn] - der Mann
manage ['mænɪdʒ] - verwalten
manager ['mænɪdʒə] - der Manager
many, much, a lot of ['menɪ | 'mʌtʃ | ə lɔt ɔv] - viel, viele
map [mæp] - die (Land)karte
may [meɪ] - dürfen
measure ['meʒə] - messen
medicine ['medsən] - das Medikament
meet [mi:t] - treffen
menu ['menju:] - die Speisekarte
metal (Adj.) ['metəl] - metallen
microwave ['maɪkrəweɪv] - die Mikrowelle
milk [mɪlk] - die Milch
million ['mɪlɪən] - die Million
minute [maɪ'nju:t] - die Minute
Monday ['mʌndeɪ] - der Montag
money ['mʌnɪ] - das Geld
monitor ['mɔnɪtə] - der Monitor
month [mʌnθ] - der Monat
more [mɔ:] - mehr
morning ['mɔ:nɪŋ] - der Morgen
mouse [maʊs] - die Maus
movie ['mu:vɪ] - der Film
museum [mju:'zɪəm] - das Museum
must [mʌst] - müssen
must, have to [mʌst | həv tu:] - müssen
my [maɪ] - mein
national ['næʃnəl] - national
near, at [nɪə | æt] - bei, am
near, close [nɪə | kloʊz] - in der Nähe
nearby ['nɪəbaɪ] - in der Nähe
necessary ['nesəsərɪ] - notwendig
new [nju:] - neu
news [nju:z] - die Nachrichten
next [nekst] - nächste
nicely, beautifully ['naɪslɪ | 'bju:təflɪ] - schön
night [naɪt] - die Nacht, nächtlich
nine [naɪn] - neun
no [noʊ] - nein
noon [nu:n] - der Mittag
not [nɔt] - nicht
now [naʊ] - jetzt
number ['nʌmbə] - die Nummer
of course [əv kɔ:s] - natürlich
old [oʊld] - alt
old man [oʊld mæn] - der alte Mann
old woman [oʊld 'wʊmən] - die alte Frau
on [ɔn] - auf
on foot [ɔn fʊt] - zu Fuß
or [ɔ:] - oder
order, to book ['ɔ:də | tə bʊk] - bestellen, buchen
other ['ʌðə] - andere(r / s)
our ['aʊə] - unser
park [pɑ:k] - der Park
past [pɑ:st] - vorbei
pay [peɪ] - bezahlen

pen [pen] - der Kugelschreiber
people ['pi:pəl] - die Leute
pizza ['pi:tsə] - die Pizza
place, seat ['pleɪs | si:t] - der Platz, der Sitz
plan [plæn] - vorhaben (werden)
plane [pleɪn] - das Flugzeug
plastic ['plæstɪk] - der Kunststoff
play ['pleɪ] - spielen
pleasant, nice ['pleznt | naɪs] - angenehm
please [pli:z] - bitte
poor [pʊə] - arm
possible ['pɔsəbəl] - möglich
prepare, to cook [prɪ'peə | tə kʊk] - vorbereiten, kochen
price [praɪs] - der Preis
probably ['prɔbəblɪ] - wahrscheinlich
profession [prə'feʃən] - der Beruf
program ['proʊgræm] - das Programm
public ['pʌblɪk] - öffentlich
purse [pɜ:s] - das Portmonee
quickly ['kwɪklɪ] - schnell
railway(s) ['reɪlweɪ(s)] - die Eisenbahn
rain [reɪn] - der Regen
reach [ri:tʃ] - erreichen
read [ri:d] - lesen
repair [rɪ'peə] - reparieren
repairman [rɪ'peəmæn] - der Handwerker, der Mechaniker
resort [rɪ'zɔ:t] - der Urlaubsort
restaurant ['restrɔnt] - das Restaurant
return [rɪ'tɜ:n] - zurückkehren
rich [rɪtʃ] - reich
ride [raɪd] - fahren
river ['rɪvə] - der Fluss
Rome [roʊm] - Rom
route, path [ru:t | pɑ:θ] - der Weg, die Route, die Strecke
Russian ['rʌʃən] - der Russe, die Russin, russisch
Saturday ['sætədeɪ] - der Samstag
sauna ['saʊnə] - die Sauna
seat [si:t] - der Platz
second ['sekənd] - zweite
see ['si:] - sehen
sell [sel] - verkaufen
seller ['selə] - der Verkäufer
serious ['sɪərɪəs] - ernst
seriously ['sɪərɪəslɪ] - ernsthaft
serve [sɜ:v] - bedienen
service ['sɜ:vɪs] - der Service
seven ['sevən] - sieben
she [ʃɪ] - sie (sing.)
shelf [ʃelf] - das Regal
ship [ʃɪp] - das Schiff
show [ʃoʊ] - zeigen
shower ['ʃaʊə] - die Dusche
SIM card ['sɪm kɑ:d] - die SIM- Karte
simple, simply ['sɪmpəl | 'sɪmplɪ] - einfach
sing [sɪŋ] - singen
singer ['sɪŋə] - der Sänger
singing ['sɪŋɪŋ] - singend
sit down [sɪt daʊn] - sich setzen
six [sɪks] - sechs
six hundred [sɪks 'hʌndrəd] - sechshundert
size [saɪz] - die Größe
skis [ski:z] - der Ski
sky [skaɪ] - der Himmel
slim [slɪm] - schlank
slow(ly) ['sloʊ(lɪ)] - langsam
small [smɔ:l] - klein
smart [smɑ:t] - intelligent
smoke [smoʊk] - rauchen
snowboard ['snoˌbɔ:d] - das Snowboard
so ['soʊ] - so
some, a bit [sʌm | ə bɪt] - etwas, ein bisschen
someone ['sʌmwʌn] - jemand
sore throat [sɔ: θroʊt] - die Halsschmerzen

souvenir [ˌsu:və'nɪə] - das Souvenir
spaghetti [spə'getɪ] - die Spaghetti
Spain [speɪn] - Spanien
Spanish ['spænɪʃ] - spanisch (Adj.)
speak [spi:k] - sprechen
square [skweə] - der Platz
stadium ['steɪdɪəm] - das Stadion
stand [stænd] - stehen
star [stɑ:] - der Stern
start [stɑ:t] - beginnen
station ['steɪʃən] - der Bahnhof
still [stɪl] - noch
stop [stɔp] - die Haltestelle
store, shop [stɔ: | ʃɔp] - das Kaufhaus, das Geschäft
storey, floor ['stɔ:rɪ | flɔ:] - die Etage
straight [streɪt] - geradeaus
street [stri:t] - die Straße
strong [strɔŋ] - stark
suburb ['sʌbɜ:b] - der Vorort
suitcase ['su:tkeɪs] - der Koffer
sun [sʌn] - die Sonne
Sunday ['sʌndeɪ] - der Sonntag
swimming pool ['swɪmɪŋ pu:l] - das Schwimmbad
table ['teɪbəl] - der Tisch
tail [teɪl] - das Ende, der Schwanz
take [teɪk] - nehmen
take a photo [teɪk ə 'foʊtoʊ] - ein Foto machen
taxi ['tæksɪ] - das Taxi
teach [ti:tʃ] - lehren, beibringen, unterrichten
teacher ['ti:tʃə] - der Lehrer
telephone ['telɪfoʊn] - das Telefon
television ['telɪˌvɪʒən] - das Fernsehen
tell [tel] - erzählen
tell, say [tel | 'seɪ] - sagen
ten [ten] - zehn
territory, terrain ['terɪtərɪ | te'reɪn] - das Gebiet
text message, SMS [tekst 'mesɪdʒ] - die SMS
thanks [θæŋks] - danke
that [ðæt] - diese
the best [ðə best] - das Beste
the day after tomorrow [ðə deɪ 'ɑ:ftə tə'mɔroʊ] - übermorgen
theater ['θi:ətə] - das Theater
then [ðen] - dann
then, later [ðen | 'leɪtə] - danach, später
there [ðeə] - dort; dorthin
there is no [ðə z noʊ] - es gibt kein(e / en)
these / those [ði:z ðoʊz] - diese / jene
they ['ðeɪ] - sie (plur.)
think ['θɪŋk] - denken
third ['θɜ:d] - dritter
this / that [ðɪs ðæt] - diese(r), das
this, that, it [ðɪs | ðæt | ɪt] - das, dies, es
three [θri:] - drei
throat [θroʊt] - die Kehle
through [θru:] - durch
Thursday ['θɜ:zdeɪ] - Donnerstag
ticket ['tɪkɪt] - die Fahrkarte
time ['taɪm] - die Zeit
to / on the left [tʊ ɔn ðə left] - links
to / on the right [tʊ ɔn ðə raɪt] - rechts
to [tu:] - zu
today [tə'deɪ] - heute
together [tə'geðə] - zusammen
tomorrow [tə'mɔroʊ] - morgen
tooth [tu:θ] - der Zahn
tour [tʊə] - die Tour, die Fahrt
tourist ['tʊərɪst] - der (die) Tourist(in), touristisch
train [treɪn] - der Zug
train car [treɪn kɑ:] - der Eisenbahnwagen
tram [træm] - die Straßenbahn

transfer ['trænsfɜ:] - der Transfer
transportation [ˌtrænspɔ:'teɪʃən] - der Transport
trip [trɪp] - der Ausflug
trip, excursion [trɪp | ɪk'skɜ:ʃən] - der Ausflug
trolleybus ['trɔlɪbʌs] - der Oberleitungsbus, der Obus
try ['traɪ] - versuchen
try on ['traɪ ɔn] - anprobieren
Tuesday ['tju:zdɪ] - Dienstag
Turkey ['tɜ:kɪ] - die Türkei
turn [tɜ:n] - abbiegen
twelve [twelv] - zwölf
two ['tu:] - zwei
under ['ʌndə] - unter
understand [ˌʌndə'stænd] - verstehen
unhappy, unhappily [ʌn'hæpɪ | ʌn'hæpɪlɪ] - unglücklich
unsatisfied [ʌn'sætɪsfaɪd] - unbefriedigt, unzufrieden
until, till, to [ʌn'tɪl | tɪl | tu:] - bis
up [ʌp] - hinauf
use ['ju:s] - verwenden, benutzen
value, price ['vælju: | praɪs] - der Wert, der Preis
very ['verɪ] - sehr
village ['vɪlɪdʒ] - das Dorf
visit ['vɪzɪt] - besuchen
wait [weɪt] - warten
waiter ['weɪtə] - der Kellner
walk [wɔ:k] - zu Fuß gehen
want [wɔnt] - wollen
war [wɔ:] - der Krieg
warm [wɔ:m] - warm
watch [wɔtʃ] - beobachten
water ['wɔ:tə] - das Wasser
way, street ['weɪ | stri:t] - der Weg, die Straße
we [wɪ] - wir
wear [weə] - tragen (Kleidung)
weather ['weðə] - das Wetter
Wednesday ['wenzdeɪ] - Mittwoch
week [wi:k] - die Woche
well [wel] - gut
what ['wɔt] - was
where (direction) [weə] - wohin
where (position) [weə] - wo
which, what [wɪtʃ | 'wɔt] - welche
white [waɪt] - weiß
who [hu:] - wer
whose [hu:z] - wessen
why [waɪ] - warum
wide [waɪd] - breit
wife [waɪf] - die (Ehe)frau
wild [waɪld] - wild
wind [wɪnd] - der Wind
window ['wɪndoʊ] - das Fenster
with [wɪð] - mit
woman ['wʊmən] - die Frau
wooden ['wʊdən] - hölzern, aus Holz
work ['wɜ:k] - arbeiten
write ['raɪt] - schreiben
writer ['raɪtə] - der Autor, der Schriftsteller
written ['rɪtən] - schriftlich, geschrieben
yacht [jɔt] - die Yacht
year ['jɪə] - das Jahr
yes [jes] - ja
you [jʊ] - du, ihr, Sie
you are welcome [jʊ ə 'welkəm] - die Antwort auf “thank you”
young [jʌŋ] - jung
your [jə] - dein, ihr,Ihr

Wörterbuch Deutsch- Englisch

abbiegen - turn [tɜ:n]
Abend, der - evening ['i:vənɪŋ]
aber - but [bʌt]
acht - eight [eɪt]
Afrika - Africa ['æfrɪkə]
Agentur, die, das Büro - agency ['eɪdʒənsɪ]
Ägypten - Egypt ['i:dʒɪpt]
air conditioner [eə kən'dɪʃənə] - die Klimaanlage
alt - old [oʊld]
alte Frau, die - old woman [oʊld 'wʊmən]
alte Mann, der - old man [oʊld mæn]
Amerikaner, der, die Amerikanerin - American [ə'merɪkən]
andere(r / s) - other ['ʌðə]
angenehm - pleasant, nice ['pleznt | naɪs]
Angestellte, die - employee [ˌemploɪ'i:]
Angst haben - be afraid [bɪ ə'freɪd]
anprobieren - try on ['traɪ ɔn]
anrufen, besuchen - call [kɔ:l]
antik, altertümlich - ancient ['eɪnʃənt]
Antwort auf "thank you" - you are welcome [jʊ ə 'welkəm]
antworten - answer ['ɑ:nsə]
Apfel, der - apple ['æpəl]
Apotheke, die - drugstore ['drʌgstɔ:]
arbeiten - work ['wɜ:k]
arm - poor [pʊə]
Arzt, der - doctor, physician ['dɔktə | fɪ'zɪʃən]
attraktiv - attractive [ə'træktɪv]
auch - also, too ['ɔ:lsoʊ | tu:]
Auditorium, das - hall, auditorium [hɔ:l | ˌɔ:dɪ'tɔ:rɪəm]
auf - on [ɔn]
auf der anderen Seite von - across from [ə'krɔs frɔm]
Ausflug, der - trip, excursion [trɪp | ɪk'skɜ:ʃən]
ausgehen - go out [goʊ 'aʊt]
Aussehen, das - appearance, look [ə'pɪərəns | lʊk]
aussehen; ansehen - look [lʊk]
Ausstellung, die - exhibition [ˌeksɪ'bɪʃən]
Auswahl, die - choice, selection [tʃɔɪs | sɪ'lekʃən]
Autor, der, der Schriftsteller - writer ['raɪtə]
Badewanne, die - bathtub ['bɑ:θtʌb]
Bahnhof, der - station ['steɪʃən]
Bank, die - bank [bæŋk]
Bar, die - bar [bɑ:]
Bauarbeiter, der - builder ['bɪldə]
bauen - build [bɪld]
bedienen - serve [sɜ:v]
beginnen - start [stɑ:t]
behandeln - cure, to treat [kjʊə | tə tri:t]
bei, am - near, at [nɪə | æt]
Beistelltisch, der - little table ['lɪtəl 'teɪbəl]
beobachten - watch [wɔtʃ]
bequem - comfortable, convenient ['kʌmftəbəl | kən'vi:nɪənt], comfortably ['kʌmftəblɪ]
Beruf, der - profession [prə'feʃən]
Beste, das - the best [ðə best]
bestellen, buchen - order, to book ['ɔ:də | tə bʊk]
besuchen - visit ['vɪzɪt]
betreten - enter ['entə]
Bett, das - bed [bed]
bezahlen - pay [peɪ]
billig, günstig - cheap, inexpensive [tʃi:p | ˌɪnɪk'spensɪv]
bis - until, till, to [ʌn'tɪl | tɪl | tu:]

bitte - please [pli:z]
Brasilien - Brazil [brə'zɪl]
breit - wide [waɪd]
Brief, der - letter ['letə]
Brücke, die - bridge [brɪdʒ]
Buch, das - book [bʊk]
Bus, der - bus [bʌs]
Busbahnhof, der - bus station [bʌs 'steɪʃən]
Café, das - cafe ['kæfeɪ]
CD, die - disk [dɪsk]
Chinese, der, die Chinesin, chinesisch (Adj.) - Chinese [tʃaɪ'ni:z]
Computer, der - computer [kəm'pju:tə]
danach, später - then, later [ðen | 'leɪtə]
danke - thanks [θæŋks]
dann - then [ðen]
das, dies, es - this, that, it [ðɪs | ðæt | ɪt]
dass Mittagessen - lunch ['lʌntʃ]
dein, ihr,Ihr - your [jə]
denken - think ['θɪŋk]
Deutsche, der, die Deutsche, deutsch (Adj.) - German ['dʒɜ:mən]
Deutschland - Germany ['dʒɜ:mənɪ]
Dienstag - Tuesday ['tju:zdɪ]
diese (Sing) - that [ðæt]
diese / jene (Plur) - these / those [ði:z ðoʊz]
diese(r), das - this / that [ðɪs ðæt]
Dollar, der - dollar ['dɔlə]
Donnerstag - Thursday ['θɜ:zdeɪ]
Dorf, das - village ['vɪlɪdʒ]
dort - there [ðeə]
dort; dorthin - there [ðeə]
drei - three [θri:]
dritter - third ['θɜ:d]
du, ihr, Sie - you [jʊ]
durch - through [θru:]
dürfen - may [meɪ]
Dusche, die - shower ['ʃaʊə]
ein Foto machen - take a photo [teɪk ə 'foʊtoʊ]
einfach - simple, simply ['sɪmpəl | 'sɪmplɪ]
einführen, vorstellen - introduce [ˌɪntrə'dju:s]
einige - a few, some [ə fju: | sʌm]
Eisenbahn, die - railway(s) ['reɪlweɪ(s)]
Eisenbahnwagen, der - train car [treɪn kɑ:]
Elefant, der - elephant ['elɪfənt]
elf - eleven [ɪ'levən]
Ende, das - end [end]
Ende, das, der Schwanz - tail [teɪl]
endgültig - final ['faɪnəl]
England - England ['ɪŋglənd]
Engländerin, die, der Engländer, englisch (Adj.) - English ['ɪŋglɪʃ]
Englisch - English ['ɪŋglɪʃ]
er - he [hɪ]
ernst - serious ['sɪərɪəs]
ernsthaft - seriously ['sɪərɪəslɪ]
erreichen - reach [ri:tʃ]
erste - first ['fɜ:st]
erzählen - tell [tel]
es - it [ɪt]
es gibt kein(e / en) - there is no [ðə z noʊ]
essen - eat [i:t]
Etage, die - storey, floor ['stɔ:rɪ | flɔ:]
etwas, ein bisschen - some, a bit [sʌm | ə bɪt]
fahren - drive [draɪv], ride [raɪd]
Fahrer, der - driver ['draɪvə]
Fahrkarte, die - ticket ['tɪkɪt]
Fahrrad, das, das Rad - bike, bicycle [baɪk | 'baɪsɪkəl]
Fenster, das - window ['wɪndoʊ]
Fernsehen, das - television ['telɪˌvɪʒən]
Film, der - movie ['mu:vɪ]
finden - find [faɪnd]

fliegen - fly [flaɪ]
Flughafen, der - airport ['eəpɔ:t]
Flugzeug, das - airplane ['eəpleɪn], plane [pleɪn]
Fluss, der - river ['rɪvə]
fragen - ask [ɑ:sk]
Franzose, der, die Französin, französisch (Adj.) - French [frentʃ]
Frau, die - woman ['wʊmən]
Frau, die (Ehe) - wife [waɪf]
Freitag, der - Friday ['fraɪdeɪ]
Fremdenführer(in), der (die) - guide [gaɪd]
Freund(in), der (die) - friend ['frend]
freundlich - friendly ['frendlɪ], kind [kaɪnd]
frieren - freeze [fri:z]
Friseur, der - barber shop ['bɑ:bə ʃɔp]
fünf - five [faɪv]
Fünf- Sterne - 5- star [faɪv stɑ:]
für - for, to [fɔ: | tu:]
Fußball, das (spiel) - football / soccer ['fʊtbɔ:l 'sɔkə]
Galerie, die - gallery ['gælərɪ]
Gebiet, das - territory, terrain ['terɪtərɪ | te'reɪn]
gehen, fahren - go [goʊ], give [gɪv]
Geld, das - money ['mʌnɪ]
geradeaus - straight [streɪt]
Gesellschaft, die - company ['kʌmpənɪ]
glücklich - happy, happily ['hæpɪ | 'hæpɪlɪ]
grenzenlos - boundless ['baʊndlɪs]
Grieche, der, die Griechin, griechisch - Greek ['gri:k]
groß - big [bɪg], high, tall [haɪ | tɔ:l]
Größe, die - size [saɪz]
größer - bigger ['bɪgə]
gut - good [gʊd], well [wel]
haben - have [hæv]
Halsschmerzen, die - sore throat [sɔ: θroʊt]
Haltestelle, die - stop [stɔp]
Handgriff, der - handle ['hændəl]
Handwerker, der, der Mechaniker - repairman [rɪ'peəmæn]
helfen - help [help]
heute - today [tə'deɪ]
hier - here [hɪə]
hier ist / sind - here is / are [hɪə ɪz / ɑ:]
Himmel, der - sky [skaɪ]
hinauf - up [ʌp]
hinaufgehen - go up [goʊ ʌp]
hinter - behind [bɪ'haɪnd]
hinunter - down [daʊn]
hölzern, aus Holz - wooden ['wʊdən]
hören - hear [hɪə]
Hotel, das - hotel [ˌhoʊ'tel]
hügelig - hilly ['hɪlɪ]
ich - I ['aɪ]
in der Nähe - near, close [nɪə | kloʊz], nearby ['nɪəbaɪ]
in, hinein - in, into [ɪn | 'ɪntə]
Indien - India ['ɪndɪə]
inklusive - inclusive [ɪn'klu:sɪv]
intelligent - smart [smɑ:t]
interessant - interesting ['ɪntrəstɪŋ]
international - international [ˌɪntə'næʃənəl]
Internet, das - internet ['ɪntənet]
ist, befindet sich - is (located) [ɪz loʊ'keɪtɪd]
Italien - Italy ['ɪtəlɪ]
Italiener, der, die Italienerin, italienisch (Adj.) - Italian [ɪ'tæljən]
ja - yes [jes]
Jahr, das - year ['jɪə]
Japaner, der, die Japanerin - Japanese [ˌdʒæpə'ni:z]
jemand - someone ['sʌmwʌn]
jetzt - now [naʊ]
jung - young [jʌŋ]
Junge, der - boy [ˌbɔɪ]

Kaffee, der - coffee ['kɔfɪ]
kalt - cold [koʊld]
Kamera, die - camera ['kæmərə]
Karneval, der - carnival ['kɑ:nɪvəl]
Karte, die (Land) - map [mæp]
Kasse, die - cash register [kæʃ 'redʒɪstə]
Kathedrale, die, der Dom (die Domkirche) - cathedral [kə'θi:drəl]
kaufen - buy [baɪ]
Käufer, der - buyer ['baɪə]
Kaufhaus, das, das Geschäft - store, shop [stɔ: | ʃɔp]
Kehle, die - throat [θroʊt]
Kellner, der - waiter ['weɪtə]
Kenia - Kenya ['kenjə]
Kirche, die - church [tʃɜ:tʃ]
Kleid, das - dress [dres]
Kleider, die, die Kleidung - clothes [kloʊðz]
klein - small [smɔ:l]
kochen - cook [kʊk]
Koffer, der - suitcase ['su:tkeɪs]
kommen - come [kʌm]
kommen zu (einem Ort) - get to (a place) ['get tʊ ə 'pleɪs]
können, dürfen - be able to, can [bɪ 'eɪbəl tu: | kæn]
Kopf, der - head [hed]
kosten - cost [kɔst]
kostenlos - free [fri:]
krank sein - be ill / sick [bɪ ɪl sɪk]
Krieg, der - war [wɔ:]
Kugelschreiber, der - pen [pen]
Kühlschrank, der - fridge [frɪdʒ]
Kunststoff, der - plastic ['plæstɪk]
lang - long ['lɔŋ]
langsam - slow(ly) ['sloʊ(lɪ)]
langweilig - boring ['bɔ:rɪŋ]
lehren, unterrichten - teach [ti:tʃ]
Lehrer, der - teacher ['ti:tʃə]
Lektion, die, der Unterricht - lesson ['lesən]
lernen - learn, study [lɜ:n | 'stʌdɪ]
lesen - read [ri:d]
Leute, die - people ['pi:pəl]
lieben - love ['lʌv]
links - to / on the left [tʊ ɔn ðə left]
los / lasst uns - come on / let's [kʌm ɔn lets]
machen - do [du:]
Mädchen, das - girl [gɜ:l]
Manager, der - manager ['mænɪdʒə]
Mann, der - man [mæn]
Maus, die - mouse [maʊs]
Medikament, das - medicine ['medsən]
mehr - more [mɔ:]
mein - my [maɪ]
messen - measure ['meʒə]
metallen - metal (Adj.) ['metəl]
Mikrowelle, die - microwave ['maɪkrəweɪv]
Milch, die - milk [mɪlk]
Million, die - million ['mɪlɪən]
Minute, die - minute [maɪ'nju:t]
mit - with [wɪð]
Mittag, der - noon [nu:n]
Mittwoch - Wednesday ['wenzdeɪ]
mögen - like ['laɪk]
möglich - possible ['pɔsəbəl]
Monat, der - month [mʌnθ]
Monitor, der - monitor ['mɔnɪtə]
Montag - Monday ['mʌndeɪ]
morgen - tomorrow [tə'mɔroʊ]
Morgen, der - morning ['mɔ:nɪŋ]
Museum, das - museum [mju:'zɪəm]
müssen - must, have to [mʌst | həv tu:]
nach - after ['ɑ:ftə]
Nachrichten, die - news [nju:z]
nächste - next [nekst]
Nacht, die - night [naɪt]

nächtlich - night (Adj.) [naɪt]
Nahrung, die - food [fu:d]
national - national ['næʃnəl]
natürlich - of course [əv kɔ:s]
nehmen - take [teɪk]
nein - no [noʊ]
neu - new [nju:]
neun - nine [naɪn]
nicht - not [nɔt]
niedrig - low [loʊ]
niedrige Qualität, schlecht - low-quality [loʊ'kwɔlɪtɪ]
noch - still [stɪl]
notwendig - necessary ['nesəsərɪ]
Nummer, die - number ['nʌmbə]
Oberleitungsbus, der, der Obus - trolleybus ['trɔlɪbʌs]
Obst, das - fruit [fru:t]
oder - or [ɔ:]
öffentlich - public ['pʌblɪk]
Park, der - park [pɑ:k]
passieren - happen ['hæpən]
Pizza, die - pizza ['pi:tsə]
Platz, der, der Sitz - place, seat ['pleɪs | si:t], square [skweə]
Portmonee, das - purse [pɜ:s]
Preis, der - price [praɪs]
Programm, das - program ['proʊgræm]
Prospekt, der - brochure ['broʊʃə]
quality [haɪ'kwɔlɪtɪ] - hohe Qualität, erstklassig - high
rauchen - smoke [smoʊk]
rechts - to / on the right [tʊ ɔn ðə raɪt]
Regal, das - shelf [ʃelf]
Regen, der - rain [reɪn]
reich - rich [rɪtʃ]
reparieren - repair [rɪ'peə]
Restaurant, das - restaurant ['restrɔnt]
Rom - Rome [roʊm]
Route die, die Strecke - route, path [ru:t | pɑ:θ]
Russe, der, die Russin, russisch - Russian ['rʌʃən]
sagen - tell, say [tel | 'seɪ]
Samstag, der - Saturday ['sætədeɪ]
Sänger, der - singer ['sɪŋə]
sauber - clean [kli:n]
Sauna, die - sauna ['saʊnə]
Schiff, das - ship [ʃɪp]
schlank - slim [slɪm]
schlimm, schlecht - bad [bæd]
Schlüssel, der - key [ki:]
schmerzen, weh tun - hurt [hɜ:t]
Schmetterling, der - butterfly ['bʌtəflaɪ]
schmutzig - dirty ['dɜ:tɪ]
schnell - quickly ['kwɪklɪ], fast [fɑ:st]
schon - already [ɔ:l'redɪ]
schön - nicely, beautiful ['bju:təfəl], beautifully ['naɪslɪ | 'bju:təflɪ]
schreiben - write ['raɪt]
schriftlich, geschrieben - written ['rɪtən]
schwer - heavy ['hevɪ]
Schwimmbad, das - swimming pool ['swɪmɪŋ pu:l]
sechs - six [sɪks]
sechshundert - six hundred [sɪks 'hʌndrəd]
sehen - see ['si:]
sehr - very ['verɪ]
sein (bin / bist / ist / sind / seid) - be (am / is / are) [bɪ əm ɪz ɑ:]
Service, der - service ['sɜ:vɪs]
sich setzen - sit down [sɪt daʊn]
sich vorbereiten - get ready ['get 'redɪ]
sie (plur.) - they ['ðeɪ]
sie (sing.) - she [ʃɪ]
sieben - seven ['sevən]
SIM- Karte, die - SIM card ['sɪm kɑ:d]

singen - sing [sɪŋ]
singend - singing ['sɪŋɪŋ]
Ski, der - skis [ski:z]
SMS, die - text message, SMS [tekst 'mesɪdʒ]
Snowboard, das - snowboard ['snoˌbɔ:d]
so - so ['soʊ]
Sonne, die - sun [sʌn]
Sonntag, der - Sunday ['sʌndeɪ]
Souvenir, das - souvenir [ˌsu:və'nɪə]
Spaghetti, die - spaghetti [spə'getɪ]
Spanien - Spain [speɪn]
spanisch (Adj.) - Spanish ['spænɪʃ]
Speicherstick, der - flash drive [flæʃ draɪv]
Speisekarte, die - menu ['menju:]
Spiel, das - game [geɪm]
spielen - play ['pleɪ]
Sportler, der - athlete ['æθli:t]
Sprache, die - language ['læŋgwɪdʒ]
sprechen - speak [spi:k]
Stadion, das - stadium ['steɪdɪəm]
Stadt, die - city ['sɪtɪ]
stark - strong [strɔŋ]
stehen - stand [stænd]
Stern, der - star [stɑ:]
Strand, der - beach [bi:tʃ]
Straße, die - street [stri:t]
Straßenbahn, die - tram [træm]
Stuhl, der - chair [tʃeə]
Stunde, die - hour ['aʊə]
Tag, der - day [deɪ]
Tasche, die - bag [bæg]
Tastatur, die - keyboard ['ki:bɔ:d]
Taxi, das - taxi ['tæksɪ]
Telefon, das - telephone ['telɪfoʊn]
teuer - expensive [ɪk'spensɪv]
Theater, das - theater ['θi:ətə]
Tier, das - animal ['ænɪməl]
Tisch, der - table ['teɪbəl]
Toilette, die, das Badezimmer, das Bad - bathroom ['bɑ:θru:m]
Tour, die, die Fahrt - tour [tʊə]
Tourist(in), der (die) - tourist ['tʊərɪst]
touristisch - tourist (Adj.) ['tʊərɪst]
tragen - carry, bring ['kærɪ | brɪŋ]
tragen (Kleidung) - wear [weə]
Transfer, der - transfer ['trænsfɜ:]
Transport, der - transportation [ˌtrænspɔ:'teɪʃən]
treffen - meet [mi:t]
trinken - drink [drɪŋk]
Tür, die - door [dɔ:]
Türkei, die - Turkey ['tɜ:kɪ]
über, von - about [ə'baʊt], above [ə'bʌv]
übermorgen - the day after tomorrow [ðə deɪ 'ɑ:ftə tə'mɔroʊ]
um - around [ə'raʊnd]
unbefriedigt, unzufrieden - unsatisfied [ʌn'sætɪsfaɪd]
und - and [ænd]
unglücklich - unhappy, unhappily [ʌn'hæpɪ | ʌn'hæpɪlɪ]
unser - our ['aʊə]
unter - under ['ʌndə]
Urlaubsort, der - resort [rɪ'zɔ:t]
Ventilator, der - fan [fæn]
verärgert - angry, angrily ['æŋgrɪ | angrəlɪ]
Verbrechensrate, die - crime rate [kraɪm reɪt]
verkaufen - sell [sel]
Verkäufer, der - seller ['selə]
verkauft werden - be sold [bɪ soʊld]
Versicherung, die - insurance [ɪn'ʃʊərəns]
verstehen - understand [ˌʌndə'stænd]
versuchen - try ['traɪ]
verwalten - manage ['mænɪdʒ]
verwenden, benutzen - use ['ju:s]

viel, viele - many, much, a lot of ['menɪ | 'mʌtʃ | ə lɔt ɔv]
vier - four [fɔ:]
von, durch - by [baɪ], from [frɔm]
vorbei - past [pɑ:st]
vorbereiten, kochen - prepare, to cook [prɪ'peə | tə kʊk]
vorhaben (werden) - plan [plæn]
Vorort, der - suburb ['sʌbɜ:b]
vorsichtig - careful ['keəfʊl]
wählen - choose [tʃu:z]
wahrscheinlich - probably ['prɔbəblɪ]
warm - warm [wɔ:m]
warten - wait [weɪt]
warum - why [waɪ]
was - what ['wɔt]
Wäscherei, die - laundromat ['lɔndrəˌmæt]
Wasser, das - water ['wɔ:tə]
Weg, der, die Straße - way, street ['weɪ | stri:t]
weil - because [bɪ'kɔz]
weiß - white [waɪt]
welche - which, what [wɪtʃ | 'wɔt]
welcher - which [wɪtʃ]
wer - who [hu:]
Wert, der, der Preis - value, price ['vælju: | praɪs]
wessen - whose [hu:z]
Wetter, das - weather ['weðə]
wie - how ['haʊ]
wieviel, wie viele - how much, how many ['haʊ 'mʌtʃ | 'haʊ mənɪ]
wild - wild [waɪld]
Wind, der - wind [wɪnd]
wir - we [wɪ]
wissen - know [noʊ]
wo - where (position) [weə]
Woche, die - week [wi:k]
woher - from where [frəm weə]
wohin - where (direction) [weə]
Wohnblock, der - block of flats, apartment house ['blɔk əv flæts | ə'pɑ:tmənt 'haʊs]
wohnen - live [laɪv]
wollen - want [wɔnt]
Wüste, die - desert ['dezət]
Yacht, die - yacht [jɔt]
Zahn, der - tooth [tu:θ]
Zahnarzt, der - dentist ['dentɪst]
zehn - ten [ten]
zeigen - show [ʃoʊ]
Zeit, die - time ['taɪm]
Zeitschrift, die - magazine [ˌmægə'zi:n]
zentral - central ['sentrəl]
Zentrum, das - center ['sentə]
zu - to [tu:]
zu Fuß - on foot [ɔn fʊt]
zu Fuß gehen - walk [wɔ:k]
Zug, der - train [treɪn]
zurück - back ['bæk]
zurückkehren - return [rɪ'tɜ:n]
zusammen - together [tə'geðə]
zwei - two ['tu:]
zweite - second ['sekənd]
zwölf - twelve [twelv]

Irregular Verbs

Die unregelmäßigen Verben

Infinitive	Past Tense	Past Participle	German
abide	abode	abode	bleiben, fortdauern
arise	arose	arisen	entstehen
awake	awoke / awaked	awoke / awaked / awoken	(auf)wecken
be	was, were	been	sein
bear	bore	born(e)	gebären, ertragen
beat	beat	beaten	schlagen, besiegen
become	became	become	werden
beget	begot	begotten	erzeugen, hervorbringen
begin	began	begun	anfangen
belay	belaid	belayed	festmachen
bend	bent	bent	biegen
bereave	bereaved	bereft	berauben
beseech	besought	besought	ersuchen, anflehen
bet	bet	bet	wetten
bid	bade / bid	bidden / bid	einladen, setzen (Kartenspiel)
bind	bound	bound	binden
bite	bit	bit, bitten	beißen
bleed	bled	bled	bluten
blow	blew	blown	blasen
break	broke	broken	(zer)brechen
breed	bred	bred	verursachen
bring	brought	brought	bringen
broadcast	broadcast	broadcast	senden / übertragen
build	built	built	bauen
burn	burnt (burned)	burnt (burned)	(ver)brennen
burst	burst	burst	platzen
buy	bought	bought	kaufen
can	could	-	können
cast	cast	cast	auswerfen, werfen
catch	caught	caught	fangen
chide	chide	chidden	(aus)schimpfen, tadeln
choose	chose	chosen	(aus)wählen
cleave	clove / cloven	cleft	(zer)teilen, (zer)schneiden, (zer)spalten
cling	clung	clung	kleben, haften
clothe	clothed / clad+	clothed / clad+	(an-, be-, ein-) kleiden
come	came	come	kommen
cost	cost	cost	kosten
creep	crept	crept	kriechen, schleichen
crow	crowed / crew	crowed	a. (rum)krähen (Kinder, Hahn) / b. protzen, prahlen
cut	cut	cut	schneiden
dare	dared / durst	dared	(sich etwas) trauen, wagen
deal	dealt	dealt	handeln

dig	dug	dug	graben
do	did	done	tun
draw	drew	drawn	zeichnen, ziehen
dream	dreamt (dreamed)	dreamt (dreamed)	träumen
drink	drank	drunk	trinken
drive	drove	driven	fahren
dwell	dwelt	dwelt	wohnen, leben
eat	ate	eaten	essen
fall	fell	fallen	fallen
feed	fed	fed	füttern
feel	felt	felt	(sich) fühlen
fight	fought	fought	kämpfen
find	found	found	finden
fit	fit	fit	passen
flee	fled	fled	fliehen
fling	flung	flung	schleudern
fly	flew	flown	fliegen
forbear	forbore	forborne	unterlassen, enthalten, Abstand nehmen
forbid	forbade	forbidden	verbieten / untersagen
forego	forewent	forgone	verzichten auf; aufgeben; Abstand nehmen von
forget	forgot	forgotten	vergessen
forgive	forgave	forgiven	verzeihen, vergeben
forsake	forsook	forsaken	aufgeben, verlassen, im Stich / hinter sich lassen
freeze	froze	frozen	frieren
geld	gelded	gelt	a. kastrieren b. verschneiden
get	got	got(ten, AE)	bekommen
give	gave	given	geben
go	went	gone	gehen, fahren
grind	ground	ground	schleifen
grow	grew	grown	wachsen, anbauen
hang	hung	hung	(auf)hängen
have	had	had	haben
hear	heard	heard	hören
heave	hove	hove	heben
hide	hid	hidden	verstecken
hit	hit	hit	schlagen, treffen
hold	held	held	halten
hurt	hurt	hurt	verletzen
input	input (inputted)	input (inputted)	(Passwort) eingeben
keep	kept	kept	halten
knit	knit (knitted)	knit (knitted)	stricken
kneel	knelt	knelt	knien
know	knew	known	wissen
lay	laid	laid	legen
lead	led	led	leiten, führen

lean	leant	leant	lehnen
leap	leapt	leapt	springen
learn	learnt (learned)	learnt (learned)	lernen
leave	left	left	(weg)gehen, (ver)lassen
lend	lent	lent	leihen
let	let	let	lassen
lie	lay	lain	liegen
light	lit (lighted)	lit (lighted)	anzünden / entzünden)
lose	lost	lost	verlieren
make	made	made	machen
may	might	-	können
mean	meant	meant	meinen
meet	met	met	treffen
misunderstand	misunderstood	misunderstood	missverstehen
mow	mowed	mown (mowed)	mähen
must	had to	had to	müssen, dürfen
offset	offset	offset	ausgleichen
pay	paid	paid	(be)zahlen
put	put	put	legen, setzen, stellen
quit	quit	quit	beenden, kündigen
read	read	read	lesen
rend	rent	rent	zerreißen, zerfleischen
rewrite	rewrote	rewritten	neu schreiben / umschreiben
rid	rid	rid	befreien, loswerden
ride	rode	ridden	reiten, fahren
ring	rang	rung	läuten
rise	rose	risen	aufgehen/-stehen
run	ran	run	laufen, rennen
say	said	said	sagen
see	saw	seen	sehen
seek	sought	sought	(auf)suchen
sell	sold	sold	verkaufen
send	sent	sent	schicken, senden
set	set	set	setzen, stellen
sew	sewed	sewn	nähen
shake	shook	shaken	schütteln
shave	shaved	shaven (shaved)	rasieren
shed	shed	shed	abwerfen, haaren, vergießen
shine	shone	shone	scheinen
shoe	shod	shod	a. beschuhen b. beschlagen (Pferd)
shoot	shot	shot	schießen
show	showed	shown (showed)	zeigen
shrink	shrank	shrunk	schrumpfen
shut	shut	shut	schließen
sing	sang	sung	singen
sink	sank	sunk	sinken
sit	sat	sat	sitzen

slay	slew	slain	töten, ermorden, erschlagen
sleep	slept	slept	schlafen
slide	slid	slide	gleiten
sling	slung	slung	schleudern
slink	slunk	slunk	(weg)schleichen, davonschleichen
slit	slit	slit	(auf-, zer-)schlitzen, zerschneiden
smell	smelt (smelled)	smelt (smelled)	riechen
smite	smote	smitten	quälen, schlagen
sneak	snuck (sneaked)	snuck (sneaked)	schleichen
sow	sowed	sown	sähen
speak	spoke	spoken	sprechen
speed	sped	sped (speeded)	(mit dem Auto) rasen
spell	spelt (spelled)	spelt (spelled)	buchstabieren
spend	spent	spent	verbringen, ausgeben
spill	spilt	spilt	verschütten
spin	spun	spun	drehen, spinnen
spit	spat	spat	spucken
split	split	split	teilen, spalten
spoil	spoilt	spoilt	verderben
spread	spread	spread	sich ausbreiten
spring	sprang	sprung	springen
stand	stood	stood	stehen
steal	stole	stolen	stehlen
stick	stuck	stuck	kleben
sting	stung	stung	brennen, schmerzen
stink	stank	stunk	stinken
strew	strewed	strewn (strewed)	streuen
stride	strode	stridden	schreiten, überschreiten
strike	struck	struck / stricken	stoßen, streiken
string	strung	strung	bespannen, aufreihen
strive	strove	striven	streben, (sich) bemühen
swear	swore	sworn	schwören
sweep	swept	swept	fegen
swell	swelled	swollen	(an-, auf-)schwellen, (an)steigen
swim	swam	swum	schwimmen
swing	swung	swung	schaukeln
take	took	taken	nehmen
teach	taught	taught	unterrichten
tear	tore	torn	reißen
tell	told	told	erzählen
think	thought	thought	denken
thrive	throve	thriven	a. gedeihen b. blühen
throw	threw	thrown	werfen
thrust	thrust	thrust	stechen, stoßen (mit einem Messer)
tread	trod	trodden	treten, betreten, laufen
understand	understood	understood	verstehen
undersell	undersold	undersold	unterbieten / unter Wert verkaufen

undertake	undertook	undertaken	(Aufgabe) übernehmen
wake	woke	woken	(auf)wachen
wear	wore	worn	tragen (Kleidungsstück)
weave	wove	woven	weben, flechten
weep	wept	wept	weinen
win	won	won	gewinnen
wind	wound	wound	winden, wickeln, schlängeln,
withdraw	withdrew	withdrawn	zurückziehen
wring	wrung	wrung	(aus)wringen
write	wrote	written	schreiben

Important Ajectives

Wichtige Adjektive

ambitious [æm'bɪʃəs] - ehrgeizig

annoying [ə'nɔɪŋ] - ärgerlich

anxious ['æŋkʃəs] - ängstlich

attractive [ə'træktɪv] - anziehend

beautiful ['bju:təfl] - schön

boring ['bɔ:rɪŋ] - langweilig

brilliant ['brɪlɪənt] - geistreich

calm, quiet, silent [kɑ:m | 'kwaɪət | 'saɪlənt] - ruhig

careful ['keəfʊl] - sorgfältig, vorsichtig

charming ['tʃɑ:mɪŋ] - bezaubernd

cheerful, merry, gay ['tʃɪəfəl | 'merɪ | geɪ] - lustig

coarse, rude [kɔ:s | ru:d] - grob

content [kən'tent] - zufrieden

cunning ['kʌnɪŋ] - schlau

curious ['kjʊərɪəs] - neugierig

diligent ['dɪlɪdʒənt] - fleißig

eager ['i:gə] - eifrig

excellent ['eksələnt] - ausgezeichnet

excited [ɪk'saɪtɪd] - aufgeregt

experienced [ɪk'spɪərɪənst] - erfahren

faithful ['feɪθfəl] - treu

fast [fɑ:st] - schnell

frank, candid [fræŋk | 'kændɪd] - offen

friendly ['frendlɪ] - freundlich

funny ['fʌnɪ] - spaßig

furious ['fjʊərɪəs] - wütend

glad [glæd] - froh

grateful, thankful ['greɪtfəl | 'θæŋkfəl] - dankbar

greedy ['gri:dɪ] - gierig

happy, lucky ['hæpɪ | 'lʌkɪ] - glücklich

helpful ['helpfəl] - hilfsbereit

helpless ['helpləs] - hilflos

honest ['ɔnɪst] - ehrlich

impudent ['ɪmpjʊdənt] - frech

indifferent [ɪn'dɪfrənt] - gleichgütig

intelligent [ɪn'telɪdʒənt] - klug

jealous ['dʒeləs] - eifersüchtig

loving, affectionate ['lʌvɪŋ | ə'fekʃənət] - liebevoll

mad, crazy [mæd | 'kreɪzɪ] - verrückt

mean [mi:n] - geizig

moderate ['mɔdəreɪt] - gemäßigt

modest ['mɔdɪst] - bescheiden

nervous ['nɜːvəs] - nervös

nice, kind [naɪs | kaɪnd] - nett

plain [pleɪn] - einfach

polite [pə'laɪt] - höflich

pretty, nice ['prɪtɪ | naɪs] - hübsch

punctual ['pʌŋktʃʊəl] - pünktlich

pure, clean [pjʊə | kliːn] - rein

reliable [rɪ'laɪəbl]- zuverlässig

resolute ['rezəluːt] - entschlossen

respectable, decent [rɪ'spektəbl | 'diːsnt] - anständig

ridiculous [rɪ'dɪkjʊləs] - lächerlich

sad [sæd] - traurig

serious, grave ['sɪərɪəs | greɪv] - ernst

shy [ʃaɪ] - schüchtern

slow [sloʊ] - langsam

soft [sɔft] - weich

strange, odd [streɪndʒ | ɔd] - seltsam

stubborn, tough ['stʌbən | tʌf] - zäh

stupid ['stjuːpɪd] - dumm

successful [sək'sesfəl] - erfolgreich

superficial, shallow [ˌsuːpə'fɪʃl | 'ʃæloʊ] - oberflächlich

surprised [sə'praɪzd] - überrascht

sympathetic [ˌsɪmpə'θetɪk] - mitfühlend

tired ['taɪəd] - müde

ugly ['ʌglɪ] - häßlich

uneducated [ʌn'edʒʊkeɪtɪd] - ungebildet

ungrateful [ʌn'greɪtfəl] - undankbar

unhappy [ʌn'hæpɪ] - unglücklich

unjust, unfair [ʌn'dʒʌst | ˌʌn'feə] - ungerecht

violent ['vaɪələnt] - heftig

weak [wiːk] - schwach

wicked, evil ['wɪkɪd | 'iːvl] - böse

wise [waɪz] - weise

youthful ['juːθfəl] - jugendlich

Physical qualities

Körperliche Eigenschaften

big [bɪg] - groß

small oder little [smɔːl | 'lɪtl] - klein

fast [fɑːst] - schnell

slow [sloʊ] - langsam

good [gʊd] - gut

bad [bæd] - schlecht

expensive [ɪk'spensɪv] - teuer

cheap [tʃiːp] - billig

thick [θɪk] - dick

thin [θɪn] - dünn

narrow ['næroʊ] - eng

wide [waɪd], broad [brɔːd]- breit

loud [laʊd] - laut

quiet ['kwaɪət] - leise

intelligent [ɪn'telɪdʒənt] - intelligent

stupid ['stjuːpɪd] - dumm

wet [wet] - nass

dry [draɪ] - trocken

heavy ['hevɪ] - schwer

light [laɪt] - leicht

hard [hɑːd] - hart

soft [sɔft] - weich

shallow ['ʃæloʊ] - flach, seicht

deep [di:p] - tief

easy ['i:zɪ] - leicht

difficult ['dɪfɪkəlt] - schwierig

weak [wi:k] - schwach

strong [strɔŋ] - stark

rich [rɪtʃ] - reich

poor [pʊə] - arm

young [jʌŋ] - jung

old [oʊld] - alt

long ['lɔŋ] - lang

short [ʃɔ:t] - kurz

high [haɪ] - hoch

low [loʊ] - tief

generous ['dʒenərəs] - großzügig

mean [mi:n] - geizig

true [tru:] - richtig

false ['fɔ:ls] - falsch

beautiful ['bju:təfl] - schön

ugly ['ʌglɪ] - hässlich

new [nju:] - neu

old [oʊld] - alt

happy ['hæpɪ] - fröhlich, glücklich

sad [sæd]- traurig

Antonyms

Gegenteile

safe [seɪf] - sicher

dangerous ['deɪndʒərəs] - gefährlich

early ['ɜ:lɪ] - früh

late [leɪt] - spät

light [laɪt] - hell

dark [dɑ:k] - dunkel

open ['oʊpən] - offen, geöffnet

closed oder shut [kloʊzd | ʃʌt] - geschlossen, zu

tight [taɪt] - stramm, fest

loose [lu:s] - locker

full [fʊl] - voll

empty ['emptɪ] - leer

many ['menɪ] - viele

few [fju:] - wenige

alive [ə'laɪv] - lebendig

dead [ded] - tot

hot [hɔt] - heiß

cold [koʊld] - kalt

interesting ['ɪntrəstɪŋ] - interessant

boring ['bɔ:rɪŋ] - langweilig

lucky ['lʌkɪ] - glücklich

unlucky [ʌn'lʌkɪ] - unglücklich

important [ɪm'pɔ:tnt] - wichtig

unimportant [ˌʌnɪm'pɔ:tnt] - unwichtig

right [raɪt] - richtig

wrong [rɔŋ] - falsch

far ['fɑ:] - weit

near [nɪə] - nah

clean [kli:n] - sauber

dirty ['dɜ:tɪ] - schmutzig

nice [naɪs] - nett

nasty ['nɑ:stɪ] - gemein

pleasant ['pleznt] - angenehm

unpleasant [ʌn'pleznt] - unangenehm

excellent ['eksələnt] - ausgezeichnet
terrible ['terəbl] - schrecklich
fair [feə] - fair

unfair [ˌʌn'feə] - unfair
normal ['nɔːml] - normal
abnormal [æb'nɔːml]- anormal

Die 1300 wichtigen englischen Wörter

Days of the week   Tage der Woche

Sunday ['sʌndɪ] Der Sonntag

Monday ['mʌndɪ] Der Montag

Tuesday ['tju:zdɪ] Der Dienstag

Wednesday ['wenzdɪ] Der Mittwoch

Thursday ['θə:zdɪ] Der Donnerstag

Friday ['fraɪdɪ] Der Freitag

Saturday ['sætədɪ] Der Samstag

week [wi:k] Die Woche

day [deɪ] Der Tag

night [naɪt] Die Nacht

today [tə'deɪ] heute

yesterday ['jestədɪ] gestern

tomorrow [tə'mɔrəʊ] morgen

morning ['mɔ:nɪŋ] Der Morgen

evening ['ɪ:vnɪŋ] Der Abend

Months   Die Monate

January ['ʤænjʊərɪ] Der Januar

February ['febjʊərɪ] Der Februar

March [mɑʧ] Der März

April ['eɪpr(ə)l] Der April

May [meɪ] Der Mai

June [ʤʊn] Der Juni

July [ʤʊ(:)'laɪ] Der Juli

August ['ɔgʌst] Der August

September [sep'tembə] Der September

October [øk'təʊbə] Der Oktober

November [nəʊ'vembə] Der November

December [dɪ'sembə] Der Dezember

Seasons of the year   Die Jahreszeiten

winter ['wɪntə] Der Winter

spring [sprɪŋ] Der Frühling

summer ['sʌmə] Der Sommer

autumn ['ɔ:təm] Der Herbst

Family Die Familie

aunt [ɑ:nt] Die Tante

brother ['brʌðə] Der Bruder

children ['ʧɪldr(ə)n] Die Kinder

dad [dæd] Der Papa

daughter ['dɔ:tə] Die Tochter

family ['fæm(ə)lɪ] Die Familie

father ['fɑ:ðə] Der Vater

granddaughter ['græn(d)ˌdɔ:tə] Die Enkelin

grandfather ['græn(d)ˌfɑ:ðə] Der Großvater

grandmother ['græn(d)ˌmʌðə] Die Oma

grandparents ['græn(d)ˌpeər(ə)nts] Die Großeltern

grandson ['græn(d)sʌn] Der Enkel

great-grandfather [ˌgreɪt'grændˌfɑ:ðə] Der Urgroßvater

great-grandmother [greɪt-'græn(d)ˌmʌðə] Die Urgroßmutter

mother ['mʌðə] Die Mutter

nephew ['nefju:] Der Neffe

niece [ni:s] Die Nichte

parents ['peər(ə)nts] Die Eltern

sister ['sɪstə] Die Schwester

son [sʌn] Der Sohn

uncle ['ʌŋkl] Der Onkel

Appearance and qualities Aussehen und Qualitäten

active ['æktɪv] aktiv

bald [bɔ:ld] kahl

character ['kærəktə] Der Charakter

clever ['klevə] klug

considerate [kən'sɪd(ə)rət] rücksichtsvoll

creative [krɪ'eɪtɪv] kreativ

cruel ['kru:əl] grausam

curly ['kɜ:lɪ] lockig
energetic [ˌɛnə'dʒɛtɪk] energetisch
fat [fæt] fett
generous ['ʤen(ə)rəs] großzügig
greedy ['gri:dɪ] gierig
hairy ['heərɪ] behaart
handsome ['hæn(d)səm] gut aussehend
kind [kaɪnd] freundlich
married ['mærɪd] verheiratet
old [əʊld] alt
plump [plʌmp] rundlich
polite [pə'laɪt] höflich
poor [pʊə] arm
pretty ['prɪtɪ] ziemlich
rich [rɪtʃ] reich
rude [ru:d] unhöflich
short [ʃɔ:t] kurz
single ['ʤen(ə)rəs] einzig
skinny ['skɪnɪ] dünn
slim [slɪm] schlank
straight [streɪt] gerade
strong [strɔŋ] stark
stupid ['stju:pɪd] blöd
tactful ['tæktf(ə)l] taktvoll
talented ['tæləntɪd] talentiert
tall [tɔ:l] hoch
thin [θɪn] dünn
ugly ['ʌglɪ] hässlich
unkind [ʌn'kaɪnd] unfreundlich
weak [wi:k] schwach
young [jʌŋ] jung

Emotions   Emotionen

bored [bɔ:d] gelangweilt
confident ['kɔnfɪd(ə)nt] zuversichtlich
content [kən'tent] zufrieden
curious ['kjʊərɪəs] neugierig
ecstatic [ɪk'stætɪk] begeistert
emotion [ɪ'məʊʃ(ə)n] Die Emotion
excited [ɪk'saɪtɪd] aufgeregt
goofy ['gu:fɪ] doof
happy ['hæpɪ] glücklich
hoping ['həʊpɪŋ] hoffend
hungry ['hʌŋgrɪ] hungrig
lonely ['ləʊnlɪ] einsam
mischievous ['mɪsʧɪvəs] spitzbübisch
nervous ['nɜ:vəs] nervös
offended [ə'fend] beleidigt
sad [sæd] traurig
scared [skeəd] erschrocken
shocked [ʃɔkd] schockiert
sleepy ['sli:pɪ] schläfrig
surprised [sə'praɪzd] überrascht
thirsty ['θɜ:stɪ] durstig
tired ['taɪəd] müde

Clothes   Kleider

anorak ['æn(ə)ræk] Der Anorak
belt [belt] Der Gürtel
blouse [blaʊz] Die Bluse
boots [bu:ts] Der Stiefel
bracelet ['breɪslɪt] Das Armband
cap ['kæp] Die Kappe
cardigan ['kɑ:dɪgən] Die Strickjacke
clothes [kləʊðz] Die Kleider
coat [kəʊt] Der Mantel
dress [dres] Das Kleid
earring ['ɪərɪŋ] Der Ohrring
fur coat [fɜ: kəʊt] Der Pelzmantel
glasses ['glɑ:sɪz] Die Brille
glove [glʌv] Der Handschuh
hat [hæt] Der Hut

jacket ['ʤækɪt] Die Jacke
jeans [ʤi:nz] Die Jeans
jersey ['dʒ3:zɪ] Das Trikot
necklace ['nɛkləs] Die Halskette
nightie ['naɪtɪ] Das Nachthemd
pyjamas [pə'dʒɑ:məs] Der Pyjama
raincoat ['reɪnkəʊt] Die Regenjacke
ring [rɪŋ] Der Ring
sandals ['sænd(ə)lz] Die Sandalen
scarf [skɑ:f] Der Schal
shirt [ʃ3:t] Das Hemd
shoes [ʃu:] Die Schuhe
shorts [ʃɔ:ts] Die kurze Hose
skirt [sk3:t] Der Rock
slippers ['slɪpəz] Die Hausschuhe
sneakers ['sni:kəz] Die Turnschuhe
socks [sɔk] Die Socken
stockings ['stɔkɪŋz] Die Strümpfe
suit [s(j)u:t] Der Anzug
sweater ['swetə] Das Sweatshirt
swimsuit ['swɪmˌsu:t] Der Badeanzug
tie [taɪ] Die Krawatte
tights [taɪts] Die Strumpfhose
tracksuit ['træks(j)u:t] Der Trainingsanzug
trousers ['traʊzəz] Die Hose
T-shirt ['ti:ʃ3:t] Das T-Shirt
umbrella [ʌm'brɛlə] Der Regenschirm
pants [pænts] Die Hose
watch [wɔtʃ] Die Uhr

House and furniture Haus und Möbel

alarm clock [ə'lɑ:mˌklɔk] Der Wecker
apartment [ə'pɑ:tmənt] Die Wohnung
balcony ['bælkənɪ] Der Balkon
bathroom ['bɑ:θru:m] Das Badezimmer
bed [bed] Das Bett
bedroom ['bedru:m] Das Schlafzimmer
bedspread ['bedspred] Die Tagesdecke
bench [bentʃ] Die Bank
blanket ['blæŋkɪt] Die Decke
bookcase ['bʊkkeɪs] Das Bücherregal
carpet ['kɑ:pɪt] Der Teppich
casket ['kɑ:skɪt] Die Schatulle
chair [ʧeə] Der Sessel
closet ['klɔzɪt] Der Wandschrank
cupboard ['kʌbəd] Der Schrank
curtain ['k3:tən] Der Vorhang
desk [desk] Der Schreibtisch
dining room ['daɪnɪŋˌrʊm] Das Esszimmer
door [dɔ:] Die Tür
doorbell ['dɔ:bel] Die Türklingel
downstairs ['daʊn'steəz] unten
furniture ['f3:nɪʧə] Die Möbel
garage ['gærɑ:ʒ] Die Garage
hall [hɔ:l] Der Flur
hallway ['hɔ:lweɪ] Der Korridor
house [haʊs] Das Haus
interior [ɪn'tɪərɪə] Das Innere
kitchen ['kɪʧɪn] Die Küche
lamp [læmp] Die Lampe
living room ['lɪvɪŋˌrʊm] Das Wohnzimmer
mailbox ['meɪlbɔks] Der Briefkasten
mattress ['mætrəs] Die Matratze
mirror ['mɪrə] Der Spiegel
nightstand [naɪtstænd] Der Nachttisch
picture ['pɪkʧə] Das Bild
pillow ['pɪləʊ] Das Kissen
pillowcase ['pɪləʊkeɪs] Der Kissenbezug
roof [ru:f] Das Dach
room [ru:m] Das Zimmer
safe [seɪf] Der Safe

sheet [ʃi:t] Das Blatt
shelf [ʃelf] Das Regal
shower ['ʃəʊə] Die Dusche
sofa ['səʊfə] Das Sofa
stairs [steə'z] Die Treppe
stool [stu:l] Der Schemel
table ['teɪbl] Die Tabelle
toilet ['tɔɪlət] Die Toilette
upstairs [ʌp'steəz] nach oben
window ['wɪndəʊ] Das Fenster

Kitchen Die Küche

burner ['bɜ:nə] Der Brenner
cabinet ['kæbɪnət] Der Küchenschrank
canister ['kænɪstə] Der Kanister
chair [ʧeə] Der Sessel
cookbook ['kʊkbʊk] Das Kochbuch
dishwasher ['dɪʃˌwɔʃə] Der Geschirrspüler
faucet ['fɔ:sɪt] Der Wasserhahn
freezer ['fri:zə] Der Gefrierschrank
kitchen ['kɪtʃɪn] Die Küche
kitchenware ['kɪʧɪnweə] Das Geschirr
microwave ['maɪkrə(ʊ)weɪv] Die Mikrowelle
oven ['ʌv(ə)n] Der Ofen
refrigerator [rɪ'frɪʤ(ə)reɪtə] Der Kühlschrank
sink [sɪŋk] Das Waschbecken
sponge [spʌnʤ] Der Schwamm
stove [stəʊv] Der Herd
table ['teɪbl] Die Tabelle
toaster ['təʊstə] Der Toaster
towel ['taʊəl] Das Handtuch

Tableware Das Geschirr

bottle ['bɔtl] Die Flasche
bowl [bəʊl] Die Schüssel
coffeepot ['kɔfɪpɔt] Die Kaffeetasse
cup [kʌp] Die Tasse
fork [fɔ:k] Die Gabel
frying pan ['fraɪɪŋˌpæn] Die Bratpfanne
glass [glɑ:s] Das Glas
jug [ʤʌg] Der Krug
kettle ['ketl] Der Kessel
knife [naɪf] Das Messer
lid [lɪd] Der Deckel
mug [mʌg] Der Becher
napkin ['næpkɪn] Die Serviette
pan [pæn] Die Pfanne
pepper shaker ['pepəˌʃeɪkə] Der Pfefferstreuer
plate [pleɪt] Der Teller
salt shaker [sɔ:lt 'ʃeɪkə] Der Salzstreuer
saucepan ['sɔ:spən] Der Kochtopf
spoon [spu:n] Der Löffel
sugar bowl ['ʃʊgə bəʊl] Die Zuckerschüssel
tableware [‘teɪblweə] Das Geschirr
teapot ['ti:pɔt] Die Teekanne

Food Essen

baked [beɪkt] gebacken
bean [bi:n] Die Bohne
beef [bi:f] Das Rindfleisch
bitter ['bɪtə] bitter
bread [bred] Das Brot
butter ['bʌtə] Die Butter
cake [keɪk] Der Kuchen
candy ['kændɪ] Die Süßigkeiten
caviar ['kævɪɑ:] Der Kaviar
cheese [ʧi:z] Der Käse
chicken ['ʧɪkɪn] Das Hähnchen
chocolate ['ʧɔklət] Die Schokolade
cocktail ['kɔkteɪl] Der Cocktail

cocoa ['kəʊkəʊ] Der Kakao
coffee ['kɔfɪ] Der Kaffee
cookie ['kʊkɪ] Das Plätzchen
croissant ['krwɑ:sɑ:ŋ] Das Croissant
cutlet ['kʌtlət] Das Kotelett
egg [eg] Das Ei
fish [fɪʃ] Der Fisch
flour ['flaʊə] Das Mehl
food [fu:d] Das Lebensmittel
fried [fraɪd] gebraten
fruit [fru:t] Die Frucht
ham [hæm] Der Schinken
ice cream [ˌaɪs'kri:m] Das Eis
jam [ʤæm] Die Marmelade
jelly ['ʤelɪ] Das Gelee
juice [ʤu:s] Der Saft
ketchup ['keʧʌp] Der Ketchup
macaroni [ˌmæk(ə)'rəʊnɪ] Die Makkaroni
mayonnaise [ˌmeɪə'neɪz] Die Mayonnaise
meat [mi:t] Das Fleisch
milk [mɪlk] Die Milch
pancake ['pænkeɪk] Der Pfannkuchen
pasta ['pæstə] Die Pasta
pepper ['pepə] Der Pfeffer
pie [paɪ] Der Kuchen
pizza ['pi:tsə] Die Pizza
pork [pɔ:k] Das Schweinefleisch
porridge ['pɔrɪʤ] Der Haferbrei
potato [pə'teɪtəʊ] Die Kartoffel
rice [raɪs] Der Reis
salad ['sæləd] Der Salat
salt [sɔ:lt] Das Salz
salted ['sɔ:ltɪd] gesalzen
sandwich ['sænwɪʤ] Das Sandwich
sauce [sɔ:s] Die Soße
sausage ['sɔsɪʤ] Die Wurst
soup [su:p] Die Suppe
sour ['saʊə] sauer
spice [spaɪs] würzen
steak [steɪk] Das Steak
sugar ['ʃʊgə] Der Zucker
sweet [swi:t] süß
tea [ti:] Der Tee
vegetables ['veʤ(ə)təbls] Das Gemüse

Meat and fish Fleisch und Fisch

meat [mi:t] Das Fleisch
beef [bi:f] Das Rindfleisch
lamb [læm] Das Lamm
mutton [mʌtn] Das Hammelfleisch
pork [pɔ:k] Das Schweinefleisch
veal [vi:l] Das Kalbfleisch
venison ['vɛnɪs(ə)n] Das Wild
bacon ['beɪkən] Der Speck
ham [hæm] Der Schinken
liver ['lɪvə] Die Leber
kidneys ['kɪdnɪz] Die Nieren
poultry ['pəʊltrɪ] Das Geflügel
chicken ['tʃɪkɪn] Das Hähnchen
turkey ['tɜ:kɪ] Der Truthahn
duck [dʌk] Die Ente
goose [gu:s] Die Gans
fish [fɪʃ] Der Fisch
cod [kɔd] Der Kabeljau
trout [traʊt] Die Forelle
salmon ['sæmən] Der Lachs
hake [heɪk] Der Seehecht
plaice [pleɪs] Die Scholle
mackerel ['mæk(ə)rəl] Die Makrele
sardine [sɑ:'di:n] Die Sardine
herring ['hɛrɪŋ] Der Hering

seafood ['si:fu:d] Die Meeresfrüchte
prawn [prɔ:n] Die Garnele
shrimp [ʃrɪmp] Die Garnele
mussel ['mʌs(ə)l] Die Muschel
oyster ['ɔɪstə] Die Auster
lobster ['lɔbstə] Der Hummer
squid [skwɪd] Der Tintenfisch
crab [kræb] Die Krabbe

Fruit Die Frucht

apple ['æpl] Der Apfel
apricot ['eɪprɪkɔt] Die Aprikose
banana [bə'nɑ:nə] Die Banane
fruit [fru:t] Die Frucht
grape [greɪp] Die Traube
grapefruit ['greɪpfru:t] Die Grapefruit
kiwi ['ki:wi:] Die Kiwi
lemon ['lemən] Die Zitrone
lime [laɪm] Die Limette
mango ['mæŋgəʊ] Die Mango
melon ['melən] Die Melone
peach [pi:ʧ] Der Pfirsich
pear [peə] Die Birne
pineapple ['paɪnæpl] Die Ananas
plum [plʌm] Die Pflaume

Vegetables Das Gemüse

beans [bi:nz] Die Bohnen
beet [bi:t] Die Zuckerrüben
cabbage ['kæbɪʤ] Der Kohl
carrot ['kærət] Die Karotte
celery ['sel(ə)rɪ] Der Sellerie
cucumber ['kju:kʌmbə] Die Gurke
dill [dɪl] Der Dill
eggplant ['egplɑ:nt] Die Aubergine
garlic ['gɑ:lɪk] Der Knoblauch
onion ['ʌnjən] Die Zwiebel
parsley ['pɑ:slɪ] Die Petersilie
pea [pi:] Die Erbse
pepper ['pepə] Der Pfeffer
potato [pə'teɪtəʊ] Die Kartoffel
pumpkin ['pʌmpkɪn] Der Kürbis
radish ['rædɪʃ] Der Rettich
tomato [tə'mɑ:təʊ] Die Tomate
vegetable ['veʤ(ə)təbl] Das Gemüse

Beverages Die Getränke

alcohol ['ælkəhɔl] Alkohol
alcoholic beverage [ælkə'hɔlɪk 'bevərɪʤ] alkoholisches Getränk
beer [bɪə] Das Bier
beverage ['bɛvərɪdʒ] Das Getränk
cocktail ['kɔkteɪl] Der Cocktail
cocoa ['kəʊkəʊ] Der Kakao
coffee ['kɔfɪ] Der Kaffee
drink [drɪŋk] Das Getränk
fruit juice [fru:t dʒu:s] Der Fruchtsaft
iced tea [aɪst ti:] Der Eistee
juice [dʒu:s] Der Saft
lemonade [ˌlɛmə'neɪd] Die Limonade
milk [mɪlk] Die Milch
milkshake ['mɪlkʃeɪk] Der Milchshake
orange juice ['ɔrɪndʒ dʒu:s] Der Orangensaft
soft drink [sɔft drɪŋk] Das alkoholfreie Getränk
tea [ti:] Der Tee
tomato juice [tə'mɑ:təʊ dʒu:s] Der Tomatensaft
vegetable juice ['vɛdʒ(ə)təbl dʒu:s] Der Gemüsesaft
water ['wɔ:tə] Das Wasser
wine [waɪn] Der Wein

Cooking Das Kochen

add [æd] hinzufügen

bake [beɪk] backen

beat [bi:t] schlagen

boil [bɔɪl] kochen

chop [tʃɔp] hacken

cook [kʊk] kochen

cooking ['kʊkɪŋ] kochend

fry [fraɪ] braten

grate [greɪt] reiben

grill [grɪl] grillen

melt [mɛlt] schmelzen

mince [mɪns] zerkleinern

mix [mɪks] mischen

peel [pi:l] schälen

pour [pɔ:] gießen

roast [rəʊst] braten

sift [sɪft] sieben

simmer ['sɪmə] kochen

slice [slaɪs] schneiden

stir [stɜ:] rühren

wash [wɔʃ] waschen

weigh [weɪ] wiegen

whisk [wɪsk] verquirlen

Housekeeping Der Haushalt

air [eər] Die Luft

bleach [bli:tʃ] bleichen

broom [bru:m] Der Besen

bucket ['bʌkɪt] Der Eimer

cleanser ['klɛnzə] Das Reinigungsmittel

clothespin ['kləʊðzpɪn] Die Wäscheklammer

dirt [dɜ:rt] Der Schmutz

dust [dʌst] Der Staub

dustpan ['dʌs(t)pæn] Die Schaufel

empty ['emptɪ] leer

garbage ['gɑ:rbɪdʒ] Der Müll

housekeeping ['haʊski:pɪŋ] Die Haushaltung

iron ['aɪən] Das Bügeleisen

ironing board ['aɪənɪŋbɔ:d] Das Bügelbrett

laundry ['lɔ:ndrɪ] Die Wäsche

laundry detergent ['lɔ:ndrɪ dɪ'tɜ:dʒ(ə)nt] Das Waschmittel

mop [mɔp] Der Mopp

rag [ræg] Der Lappen

sponge [spʌndʒ] Der Schwamm

sweep [swi:p] fegen

trash can ['træʃˌkæn] Der Mülleimer

vacuum cleaner ['vækju:mˌkli:nə] Der Staubsauger

wipe [waɪp] wischen

Body care Die Körperpflege

care [keə] Die Pflege

cologne [kə'ləʊn] Das Eau de Cologne

comb [kəʊm] Der Kamm

dental floss [ˌdentl'flɔs] Die Zahnseide

deodorant [dɪ'əʊd(ə)r(ə)nt] Das Deodorant

fan [fæn] Der Ventilator

freshener ['freʃ(ə)nə] Das Erfrischungsmittel

hairpin ['heəpɪn] Die Haarnadel

hamper ['hæmpə] Der Korb

hygiene ['haɪdʒi:n] Die Hygiene

lipstick ['lɪpstɪk] Der Lippenstift

mascara [mæ'skɑ:rə] Die Wimperntusche

mirror ['mɪrə] Der Spiegel

mouthwash ['maʊθwɔʃ] Das Mundwasser

nail polish ['neɪlˌpɔlɪʃ] Die Nagelpolitur

perfume ['pɜ:fju:m] Das Parfüm

razor ['reɪzə] Der Rasierer
scale [skeɪl] Die Waage
scissors ['sɪzəz] Die Schere
shampoo [ʃæm'pu:] Das Shampoo
shaving cream ['ʃeɪvɪŋˌkri:m] Der Rasierschaum
shower ['ʃəʊə] Die Dusche
sink [sɪŋk] Das Waschbecken
soap [səʊp] Die Seife
sponge [spʌnʤ] Der Schwamm
toilet ['tɔɪlət] Die Toilette
toothbrush ['tu:θbrʌʃ] Die Zahnbürste
toothpaste ['tu:θpeɪst] Die Zahnpasta
towel ['taʊəl] Das Handtuch
tweezers ['twi:zəz] Die Pinzette

Weather Das Wetter

breeze [bri:z] Die Brise
bright [braɪt] hell
chilly ['ʧɪlɪ] frostig
cloudy ['klaʊdɪ] bewölkt
cold [kəʊld] kalt
cool [ku:l] kühl
fog [fɔg] Der Nebel
foggy ['fɔgɪ] neblig
frosty ['frɔstɪ] eisig
hail [heɪl] Der Hagel
heat [hi:t] Die Hitze
hot [hɔt] heiß
lightning ['laɪtnɪŋ] Der Blitz
mist [mɪst] Der Nebel
rain [reɪn] Der Regen
rainy ['reɪnɪ] regnerisch
shower ['ʃaʊə] Der Regenschauer
snow [snəʊ] Der Schnee
sunny ['sʌnɪ] sonnig
temperature ['tɛmp(ə)rətʃə] Die Temperatur
weather [‘weðə] Das Wetter
wind [wɪnd] Der Wind
windy ['wɪndɪ] windig

Transport Der Transport

airplane ['eəpleɪn] Das Flugzeug
ambulance ['æmbjələn(t)s] Der Krankenwagen
bicycle ['baɪsɪk(ə)l] Das Fahrrad
boat [bəʊt] Das Boot
bus [bʌs] Der Bus
car [kɑ:] Das Auto
helicopter ['helɪkɔptə] Der Hubschrauber
motorcycle ['məʊtəˌsaɪkl] Das Motorrad
police car [pə'li:s kɑ:] Das Polizeiauto
road [rəʊd] Die Straße
sailboat ['seɪlbəʊt] Das Segelboot
scooter ['sku:tə] Der Roller
ship [ʃɪp] Das Schiff
street [stri:t] Die Straße
traffic light ['træfɪk 'laɪt] Die Ampel
train [treɪn] Der Zug
tram [trəm] Die Tram
transport [ˌtræn(t)spɔ:’t] Der Transport
truck [trʌk] Der LKW
van [væn] Der Van

City Die Stadt

alley ['ælɪ] Die Gasse
area ['ɛ(ə)rɪə] Der Bereich
avenue ['ævɪnju:] Die Allee
bakery ['beɪkərɪ] Die Bäckerei
bank ['bɑnk] Die Bank
bar [bɑ:] Die Bar
baths [bɑ:θs] Die Badeanstalt

bench [benʧ] Die Bank
bookstore ['bʊkstɔ:] Die Buchhandlung
bridge [brɪʤ] Die Brücke
building ['bɪldɪŋ] Das Gebäude
bus stop [bʌs stɔp] Die Bushaltestelle
cafe ['kæfeɪ] Das Café
car park [kɑ:pɑ:k] Der Parkplatz
church [tʃɜ:tʃ] Die Kirche
cinema ['sɪnɪmə] Das Kino
circus ['sə:kəs] Der Zirkus
city ['sɪtɪ] Die Stadt
coffee shop ['kɔfɪˌʃɔp] Das Café
corner ['kɔ:nə] Die Ecke
crossing ['krɔsɪŋ] Die Kreuzung
crosswalk ['krɔswɔ:k] Die Fußgängerbrücke
dentist's ['dentɪstz] Die Zahnarztpraxis
department store [dɪ'pɑ:tmənt'stɔ:] Das Kaufhaus
doctor's ['dɔktəz] Der Arzt
drugstore ['drʌgstɔ:] Die Drogerie
fire station ['faɪə'steɪʃən] Die Feuerwehr
flower shop ['flaʊə ʃɔp] Das Blumengeschäft
flower-bed ['flaʊəbed] Das Blumenbeet
fountain ['faʊntɪn] Der Brunnen
gallery ['gælərɪ] Die Galerie
gas station [gæs 'steɪʃ(ə)n] Die Tankstelle
gate [geɪt] Das Tor
hair salon [heəsæ'lɔ:ŋ] Der Friseur
hospital ['hɔspɪt(ə)l] Das Krankenhaus
hotel [həʊ'tɛl] Das Hotel
intersection [ˌɪntə'sekʃən] Die Straßenkreuzung
library ['laɪbr(ə)rɪ] Die Bibliothek
map [mæp] Die Karte
market ['mɑ:kɪt] Der Markt
monument ['mɔnjʊmənt] Das Monument
movie theater ['mu:vɪ'θɪətə] Das Kino
museum [mju:'zɪəm] Das Museum
nightclub [naɪtklʌb] Der Nachtclub
palace ['pælɪs] Der Palast
park [pɑ:k] Der Park
parking lot ['pɑ:kɪŋ'lɔt] Der Parkplatz
pavement ['peɪvmənt] Das Pflaster
pedestrian crossing [pɪ'destrɪən'krɔsɪŋ] Der Zebrastreifen
pharmacy ['fɑ:məsɪ] Die Apotheke
picture gallery ['pɪkʧə'gælərɪ] Die Bildergalerie
police [pə'li:s] Die Polizei
pool [pu:l] Das Schwimmbad
post office [pəʊst 'ɔfɪs] Die Post
restaurant ['restərɔnt] Das Restaurant
road [rəʊd] Die Straße
road sign [rəʊdsaɪn] Das Straßenschild
school [sku:l] Die Schule
seat [si:t] Der Sitz
shop [ʃɔp] Das Geschäft
sidewalk ['saɪdwɔ:k] Der Bürgersteig
skyscraper ['skaɪˌskreɪpə] Der Wolkenkratzer
square [skwɛə] Der Platz
stadium ['steɪdjəm] Das Stadion
stall [stɔ:l] Der Stall
statue ['stætju:] Die Statue
store [stɔ:] Das Geschäft
street [stri:t] Die Straße
street map [stri:tmæp] Die Straßenkarte
suburb ['sʌbə:b] Der Vorort

subway ['sʌbweɪ] Die U-Bahn
supermarket ['s(j)uːpəˌmɑːkɪt] Der Supermarkt
swimming pool ['swɪmɪŋpuːl] Das Schwimmbad
taxi-rank ['tæksɪræŋk] Der Taxistand
theatre ['θɪətə] Das Theater
town [taʊn] Die Stadt
town plan [taʊnplæn] Der Stadtplan
town square [taʊnskweə] Der Stadtplatz
traffic lights ['træfɪklaɪts] Die Ampeln
train station [treɪn 'steɪʃ(ə)n] Der Bahnhof
underground [ˌʌndə'graʊnd] Die Untergrundbahn
underpass ['ʌndəpɑːs] Die Unterführung
university [ˌjuːnɪ'vɜːsɪtɪ] Die Universität
zoo [zuː] Der Zoo

School Die Schule

backpack ['bækpæk] Der Rucksack
bell [bɛl] Die Glocke
biology [baɪ'ɔlədʒɪ] Die Biologie
blackboard ['blækbɔːd] Die Tafel
break [breɪk] Die Unterbrechung
calculator ['kælkjʊleɪtə] Der Taschenrechner
chair [ʧeə] Der Sessel
chalk [ʧɔːk] Die Kreide
chemistry ['kɛmɪstrɪ] Die Chemie
clamp [klæmp] Die Klemme
classroom ['klɑːsrʊm] Das Klassenzimmer
clip [klɪp] Der Clip
clipboard ['klɪpbɔːd] Das Klemmbrett
clock [klɔk] Die Uhr
correction fluid [kə'rɛkʃ(ə)nˌfluːɪd] Die Korrekturflüssigkeit
curriculum [kə'rɪkjʊləm] Der Lehrplan
desk [desk] Der Schreibtisch
drawing ['drɔːɪŋ] Die Zeichnung
education [ˌɛdjʊ'keɪʃ(ə)n] Die Bildung
eraser [ɪ'reɪzə] Der Radiergummi
exam [ɪg'zæm] Die Prüfung
examination [ɪgˌzæmɪ'neɪʃ(ə)n] Die Untersuchung
file [faɪl] Die Datei
geography [dʒɪ'ɔgrəfɪ] Die Erdkunde
globe [gləʊb] Der Globus
glue [gluː] kleben
headmaster [ˌhɛd'mɑːstə] Der Schulleiter
highlighter ['haɪlaɪtə] Der Textmarker
history ['hɪst(ə)rɪ] Die Geschichte
holiday ['hɔlɪdɪ] Der Urlaub
lesson ['lɛs(ə)n] Die Lektion
locker ['lɔkə] Das Schließfach
map [mæp] Die Karte
mark [mɑːk] Das Kennzeichen
marker ['mɑːkə] Der Marker
mathematics [ˌmæθɪ'mætɪks] Die Mathematik
music ['mjuːzɪk] Die Musik
notebook ['nəʊtbʊk] Das Notizbuch
notepad ['nəʊtpæd] Der Notizblock
office supplies ['ɔfɪs sə'plaɪs] Der Bürobedarf
paper ['peɪpə] Das Papier
pen [pen] Der Stift
pencil ['pen(t)s(ə)l] Der Bleistift
pencil case ['pen(t)s(ə)lˌkeɪs] Das Mäppchen
physics ['fɪɪzɪks] Die Physik
puncher [pʌntʃ] der Locher

pupil ['pju:p(ə)l] Der Schüler
pushpin ['pʊʃpɪn] Die Reißzwecke
ruler ['ru:lə] Das Lineal
school [sku:l] Die Schule
scissors ['sɪzəz] Die Schere
scotch tape ['skɔʧˌteɪp] Der Tesafilm
semester [sɪ'mɛstə] Das Semester
sharpener [ʃɑ:p(ə)nə] Der Anspitzer
stapler ['steɪplə] Der Hefter
staples ['steɪpls] Die Heftklammern
stationery ['steɪʃ(ə)n(ə)rɪ] Die Schreibwaren
sticker ['stɪkə] Der Aufkleber
student ['stju:d(ə)nt] Der Schüler
tape [teɪp] Das Band
teacher ['ti:ʧə] Der Lehrer
test [tɛst] Der Test
textbook ['tekstbʊk] Das Lehrbuch
timetable ['taɪmˌteɪb(ə)l] Der Zeitplan

Professions Die Berufe

accountant [ə'kaʊntənt] Der Buchhalter
actor ['æktə] Der Schauspieler
administrator [əd'mɪnɪstreɪtə] Der Administrator
architect ['ɑ:kɪtɛkt] Der Architekt
artist ['ɑ:tɪst] Der Künstler
athlete ['æθli:t] Der Athlet
barber ['bɑ:bə] Der Herrenfriseur
barman ['bɑ:mən] Der Barkeeper
bodyguard ['bɔdɪgɑ:d] Der Leibwächter
builder ['bɪldə] Der Erbauer
cashier [kə'ʃɪə] Der Kassierer
cleaner ['kli:nə] Der Reiniger
coach [kəʊtʃ] Der Trainer
composer [kəm'pəʊzə] Der Komponist
consultant [kən'sʌlt(ə)nt] Der Berater
cook [kʊk] Der Koch
courier ['kʊrɪə] Der Kurier
dentist ['dɛntɪst] Der Zahnarzt
designer [dɪ'zaɪnə] Der Designer
doctor ['dɔktə] Der Arzt
driver ['draɪvə] Der Fahrer
economist [ɪ'kɔnəmɪst] Der Ökonom
electrician [ɪˌlɛk'trɪʃ(ə)n] Der Elektriker
engineer [ˌɛndʒɪ'nɪə] Der Ingenieur
financier [f(a)ɪ'nænsɪə] Der Financier
fireman [-'faɪəmən] Der FeuerwehrmannDer
guide [gaɪd] Der Führer
hairdresser ['hɛəˌdrɛsə] Der Friseur
interpreter [ɪn'tɜ:prɪtə] Der Dolmetscher
journalist ['dʒɜ:n(ə)lɪst] Der Journalist
lawyer ['lɔ:jə] Der Anwalt
librarian [ɪˌlɛk'trɪʃ(ə)n] Der Bibliothekar
manager ['mænɪdʒə] Manager
military (man) ['mɪlɪt(ə)rɪ] Der Soldat
musician [mju:'zɪʃ(ə)n] Der Musiker
nurse [nɜ:s] Die Krankenschwester
photographer [fə'tɔgrəfə] Der Fotograf
plumber ['plʌmə] Der Klempner
policeman [-pə'li:smən] Der Polizist
politician [ˌpɔlɪ'tɪʃ(ə)n] Der Politiker
postman [-'pəʊstmən] Der Briefträger
priest [pri:st] Der Priester
profession [prə'fɛʃ(ə)n] Der Beruf
programmer ['prəʊgræmə] Der Programmierer
scientist ['saɪəntɪst] Der Wissenschaftler
secretary ['sɛkrət(ə)rɪ] Die Sekretärin
shop assistant ['ʃɔpəˌsɪstənt] Der Verkäufer

singer ['sɪŋə] Der Sänger
stylist ['staɪlɪst] Der Stylist
taxi driver ['tæksɪˌdraɪvə] Der Taxifahrer
teacher ['tiːtʃə] Der Lehrer
vet [vɛt] Der Tierarzt
waiter ['weɪtə] Die Bedienung
writer ['raɪtə] Der Schriftsteller

Actions Die Aktionen

bend [bend] biegen
carry ['kærɪ] tragen
catch [kæʧ] fangen
crawl [krɔːl] kriechen
dive [daɪv] tauchen
drag [dræg] ziehen
hit [hɪt] schlagen
hold [həʊld] halten
hop [hɔp] hüpfen
jump [ʤʌmp] springen
kick [kɪk] treten
lean [liːn] lehnen
lift [lɪft] aufheben
march [mɑːtʃ] marschieren
pull [pʊl] ziehen
push [pʊʃ] drücken
put [pʊt] stellen
run [rʌn] laufen
sit [sɪt] sitzen
skip [skɪp] überspringen
slap [slæp] schlagen
squat [skwɔt] hocken
stretch [streʧ] strecken
throw [θrəʊ] werfen
tiptoe ['tɪptəʊ] auf Zehenspitzen gehen
walk [wɔːk] gehen

Music Die Musik

accompaniment [tuː ə'kʌmpənɪ] Die musikalische Begleitung
accordion [ə'kɔːdjən] Das Akkordeon
album ['ælbəm] Das Album
bagpipe ['bægpaɪp] Der Dudelsack
balalaika [ˌbælə'laɪkə] Die Balalaika
ballet ['bæleɪ] Das Ballett
band [bænd] Das Band
bass [beɪs] Der Bass
bassoon [bə'suːn] Das Fagott
baton ['bætən] Der Taktstock
bow [baʊ] Der Bogen
brass instruments [brɑːs 'ɪnstrəmənts] Die Blechbläser
cello ['ʧɛləʊ] Das Cello
chamber music ['ʧeɪmbə 'mjuːzɪk] Die Kammermusik
clarinet [ˌklærɪ'nɛt] Die Klarinette
classical music ['klæsɪkəl 'mjuːzɪk] Die klassische Musik
compose [tuː kəm'pəʊz] komponieren
composer [kəm'pəʊzə] Der Komponist
concert ['kɔnsət] Das Konzert
conductor [kən'dʌktə] Der Dirigent
cymbals ['sɪmbəlz] Das Becken
drum [drʌm] Die Trommel
drum sticks [drʌm stɪks] Die Trommelstöcke
flute [fluːt] Die Flöte
grand piano [grænd pɪ'ænəʊ] Der Konzertflügel
guitar [gɪ'tɑː] Die Gitarre
harp [hɑːp] Die Harfe
horn [hɔːn] Das Horn

instrumental music [ˌɪnstrʊ'mɛntl 'mju:zɪk] Die Instrumentalmusik
loudspeaker [laʊd'spi:kə] Der Lautsprecher
microphone ['maɪkrəfəʊn] Das Mikrofon
musical instruments ['mju:zɪkl 'ɪnstrəmənts] Die Musikinstrumente
musician [mju:'zɪʃən] Der Musiker
oboe ['əʊbəʊ] Die Oboe
opera ['ɔpərə] Die Oper
operetta [ˌɔpə'rɛtə] Die Operette
orchestra ['ɔ:kɪstrə] Das Orchester
organ ['ɔ:gən] Die Orgel
percussion [pə'kʌʃən] Das Schlagzeug
piano [pɪ'ænəʊ] Das Klavier
recital [rɪ'saɪtl] Die Aufführung
saxophone ['sæksəfəʊn] Das Saxophon
single ['sɪŋgl] Die Single
soloist ['səʊləʊɪst] Der Solist
song [sɔŋ] Das Lied
sound [saʊnd] Der Klang
string instruments [strɪŋ 'ɪnstrəmənts] Die Streichinstrumente
symphony ['sɪmfənɪ] Die Symphonie
synthesizer ['sɪnθɪˌsaɪzə] Der Synthesizer
transcribe [tu: træns'kraɪb] transkribieren
trombone [trɔm'bəʊn] Die Posaune
trumpet ['trʌmpɪt] Die Trompete
tuba ['tju:bə] Die Tuba
video (clip) ['vɪdɪəʊ klɪp] Das Video (Clip)
viola [vɪ'əʊlə] Die Viola
violin [ˌvaɪə'lɪn] Die Geige
virtuoso [ˌvɜ:tjʊ'əʊzəʊ] Der Virtuose
wind instruments [wɪnd 'ɪnstrəmənts] Die Blasinstrumente

Sports Der Sport

aerobics [ɛə'rəʊbɪks] Das Aerobic
athletics [æθ'letɪks] die Leichtathletik
basketball ['bɑ:skɪtbɔ:l] Das Basketballspiel
bowling ['bəʊlɪŋ] Das Bowling
boxing ['bɔksɪŋ] Das Boxen
canoeing [kə'nu:ɪŋ] Der Kanusport
cycling ['saɪklɪŋ] Das Radfahren
dancing ['dɑ:nsɪŋ] Das Tanzen
diving ['daɪvɪŋ] Das Tauchen
football ['fʊtbɔ:l] Das Fußballspiel
golf [gɔlf] Das Golf
gymnastics [ʤɪm'næstɪks] Die Gymnastik
hockey ['hɔkɪ] Das Eishockey
jogging ['ʤɔgɪŋ] Das Jogging
judo ['ʤu:dəʊ] Das Judo
karate [kə'rɑ:tɪ] Das Karate
parachuting ['pærəʃu:tɪŋ] Das Fallschirmspringen
ping-pong ['pɪŋˌpɔŋ] Das Tischtennis
racing ['reɪsɪŋ] Das Rennen
sailing ['seɪlɪŋ] Das Segeln
shooting ['ʃu:tɪŋ] Das Schießen
skateboarding ['skeɪtbɔ:dɪŋ] Das Skateboarding
skating ['skeɪtɪŋ] Das Skaten
skiing ['ski:ɪŋ] Das Skifahren
sledding ['sledɪŋ] Das Schlittenfahren
swimming [swɪmɪŋ] Das Schwimmen
soccer ['sɔkə] Das Fußballspiel
tennis ['tenɪs] Das Tennis
volleyball ['vɔlɪbɔ:l] Das Volleyballspiel
weightlifting ['weɪtˌlɪftɪŋ] Das Gewichtheben
wrestling ['reslɪŋ] Das Ringen

yachting ['jɔtɪŋ] Das Segeln

Body Der Körper

ankle ['æŋkl] Der Knöchel

arm [ɑ:m] Der Arm

back [bæk] Der Rücken

bald [bɔ:ld] kahl

beard [bɪəd] Der Bart

body ['bɔdɪ] Der Körper

bottom ['bɔtəm] Das Gesäß

calf (calves) [kɑ:f] [kɑ:vz] Die Waden

cheek [ʧi:k] Die Wange

chest [ʧest] Die Brust

chin [ʧɪn] Das Kinn

elbow ['elbəʊ] Der Ellbogen

eye(s) [aɪ] Das Auge (die Augen)

eyebrow ['aɪbraʊ] Die Augenbraue

eyelash ['aɪlæʃ] Die Wimper

eyelid ['aɪlɪd] Das Augenlid

face [feɪs] Das Gesicht

finger ['fɪŋgə] Der Finger

fingernail ['fɪŋgəneɪl] Der Fingernagel

foot (feet) [fʊt] [fi:t] Der Fuß (die Füße)

forehead ['fɔ:hed] Die Stirn

glasses ['glɑ:sɪz] Die Brille

hair [heə] Das Haar

hairy ['heərɪ] behaart

hand [hænd] Die Hand

head [hed] Der Kopf

heel [hi:l] Die Hacke

index finger ['ɪndeks 'fɪŋgə] Der Zeigefinger

knee [ni:] Das Knie

leg [leg] Das Bein

lip(s) [lɪp] Die Lippe(n)

little finger ['lɪtl 'fɪŋgə] Der kleine Finger

man [mæn] Der Mann

middle finger ['mɪdl 'fɪŋgə] Der Mittelfinger

moustache [mə'stɑ:ʃ] Der Schnurrbart

mouth [maʊθ] Der Mund

neck [nek] Der Hals

nose [nəʊz] Die Nase

palm [pɑ:m] Die Handinnenfläche

pupil ['pju:p(ə)l] Die Pupille

ring finger [rɪŋ 'fɪŋgə] Der Ringfinger

shin [ʃɪn] Das Schienbein

shoulder ['ʃəʊldə] Die Schulter

stomach ['stʌmək] Der Bauch

sunglasses ['sʌnˌglɑ:sɪz] Die Sonnenbrille

thigh [θaɪ] Der Schenkel

thumb [θʌm] Der Daumen

toe [təʊ] Die Zehe

toenail ['təʊneɪl] Der Zehennagel

tongue [tʌŋ] Die Zunge

tooth (teeth) [tu:θ] [ti:θ] Der Zahn (die Zähne)

waist [weɪst] Die Taille

woman ['wʊmən] Die Frau

Nature Die Natur

beach [bi:ʧ] Der Strand

canyon ['kænjən] Die Schlucht

coast [kəʊst] Die Küste

desert ['dezət] Die Wüste

field [fi:ld] Das Feld

forest ['fɔrɪst] Der Wald

glacier ['glæsɪə] Der Gletscher

hill [hɪl] Der Hügel

hollow ['hɔləʊ] Die Höhle

island ['aɪlənd] Die Insel

jungle ['ʤʌŋgl] Der Dschungel

lake [leɪk] Die See
mountain ['maʊntɪn] Der Berg
nature ['neɪʧə] Die Natur
ocean ['əʊʃ(ə)n] Der Ozean
plain [pleɪn] Die Ebene
pond [pɔnd] Der Teich
river ['rɪvə] Der Fluss
rock [rɔk] Der Felsen
sea [si:] Das Meer

Pet Das Haustier

cat [kæt] Die Katze
dog [dɔg] Der Hund
guinea pig ['gɪnɪˌpɪg] Das Meerschweinchen
hamster ['hæmstə] Der Hamster
horse [hɔ:s] Das Pferd
kitten [kɪtn] Das Kätzchen
pet [pɛt] Das Haustier
pig [pɪg] Das Schwein
piglet ['pɪglɪŋ] Das Ferkel
puppy ['pʌpɪ] Der Welpe
rabbit
['ræbɪt] Der Hase

Animals Die Tiere

animal [ˈænɪm(ə)l] Das Tier
bat [bæt] Die Fledermaus
bear [beə] Der Bär
beaver ['bi:və] Der Biber
bison ['baɪs(ə)n] Der Bison
camel ['kæm(ə)l] Das Kamel
chimpanzee [ˌtʃɪmpæn'zi:] Der Schimpanse
deer [dɪə] Der Hirsch
donkey ['dɔŋkɪ] Der Esel
elephant ['elɪfənt] Der Elefant
fox [fɔks] Der Fuchs
giraffe [ʤɪ'rɑ:f] Die Giraffe
gorilla [gə'rɪlə] Der Gorilla
hippopotamus [ˌhɪpə'pɔtəməs] Das Nilpferd
horse [hɔ:s] Das Pferd
hyena [haɪ'i:nə] Die Hyäne
kangaroo [ˌkæŋg(ə)'ru:] Das Känguru
koala [kəʊ'ɑ:lə] Der Koala
leopard ['lɛpəd] Der Leopard
lion ['laɪən] Der Löwe
llama ['lɑ:mə] Das Lama
monkey ['mʌŋkɪ] Der Affe
moose [mu:s] Der Elch
mouse [maʊs] Die Maus
panda ['pændə] Der Pandabär
pig [pɪg] Das Schwein
rabbit ['ræbɪt] Der Hase
rat [ræt] Die Ratte
rhinoceros [raɪ'nɔs(ə)rəs] Das Nashorn
skunk [skʌŋk] Der Skunk
squirrel ['skwɪrəl] Das Eichhörnchen
tiger ['taɪgə] Der Tiger
wolf [wʊlf] Der Wolf
zebra ['zebrə] Das Zebra

Birds Die Vögel

bird [bɜ:d] Der Vogel
canary [kæ'nɛ(ə)rɪ] Der Kanarienvogel
chicken ['ʧɪkɪn] Das Hühnchen
crane [kreɪn] Der Kranich
crow [krəʊ] Die Krähe
cuckoo ['kʊku:] Der Kuckuck
duck [dʌk] Die Ente
eagle ['i:g(ə)l] Der Adler
flamingo [flə'mɪŋgəʊ] Der Flamingo
goose [gu:s] Die Gans

hawk [hɔ:k] Der Falke
hummingbird ['hʌmɪŋbɜ:d] Der Kolibri
ostrich ['ɔstrɪtʃ] Der Vogel Strauß
owl [aʊl] Die Eule
parrot ['pærət] Der Papagei
peacock ['pi:kɔk] Der Pfau
pelican ['pɛlɪkən] Der Pelikan
penguin ['pɛŋgwɪn] Der Pinguin
pheasant ['fɛz(ə)nt] Der Fasan
pigeon ['pɪdʒɪn] Die Taube
seagull ['si:gʌl] Die Möwe
sparrow ['spærəʊ] Der Spatz
stork [stɔ:k] Der Storch
swallow ['swɔləʊ] Die Schwalbe
swan [swɔn] Der Schwan
woodpecker ['wʊdˌpɛkə] Der Specht

Flowers Die Blumen

bouquet [bu:'keɪ-] Der Strauß
camellia [kə'mi:lɪə] Die Kamelie
carnation [kɑ:'neɪʃ(ə)n] Die Nelke
crocus ['krəʊkəs] Der Krokus
daffodil ['dæfədɪl] Die Narzisse
dahlia ['deɪljə] Die Dahlie
daisy ['deɪzɪ] Das Gänseblümchen
dandelion ['dændɪlaɪən] Der Löwenzahn
flower ['flaʊə] Die Blume
gladiolus ['glædɪ'əʊləsɪz] Die Gladiole
iris ['aɪ(ə)rɪs] Die Iris
lavender ['lævɪndə] Das Lavendel
lily ['lɪlɪ] Die Lilie
lotus ['ləʊtəs] Der Lotus
narcissus [nɑ:'sɪsəsɪz] Die Narzisse
orchid ['ɔ:kɪd] Die Orchidee
peony ['pi:ənɪ] Die Pfingstrose
poppy ['pɔpɪ] Der Mohn
rose [rəʊz] Die Rose
snowdrop ['snəʊdrɔp] Das Schneeglöckchen
sunflower ['sʌnˌflaʊə] Die Sonnenblume
tulip ['tju:lɪp] Die Tulpe
violet ['vaɪəlɪt] Das Veilchen

Trees Die Bäume

bark [bɑ:k] Die Akazie
beech [bi:tʃ] Die Buche
birch [bɜ:tʃ] Die Birke
branch [brɑ:ntʃ] Der Ast
chestnut ['tʃɛsnʌt] Die Kastanie
cone [kəʊn] Der Kegel
fir [fɜ:] Die Tanne
forest ['fɔrɪst] Der Wald
leaf [li:f] Das Blatt
linden ['lɪndən] Die Linde
maple ['meɪp(ə)l] Der Ahorn
oak [əʊk] Die Eiche
palm [pɑ:m] Die Palme
pine [paɪn] Die Kiefer
poplar ['pɔplə] Die Pappel
root [ru:t] Die Wurzel
tree [tri:] Der Baum
trunk [trʌŋk] Der Baumstamm
willow ['wɪləʊ] Die Weide

Sea Das Meer

alligator ['ælɪgeɪtə] Der Alligator
cachalot ['kæʃəlɔt] Der Cachalot
coral ['kɔrəl] Die Koralle
crab [kræb] Die Krabbe
crayfish ['kreɪfɪʃ] Der Flusskrebs
crocodile ['krɔkədaɪl] Das Krokodil
dolphin ['dɔlfɪn] Der Delfin
fish [fɪʃ] Der Fisch

frog [frɔg] Der Frosch
jellyfish ['ʤelıfıʃ] Die Qualle
lobster ['lɔbstə] Der Hummer
mollusc ['mɔləsk] Das Weichtier
ocean ['əʊʃ(ə)n] Der Ozean
octopus ['ɔktəpəs] Der Tintenfisch
otter ['ɔtə] Der Otter
sea [si:] Das Meer
sea snake ['si:ˌsneık] Die Seeschlange
seal [si:l] Der Seehund
shark [ʃɑ:k] Der Hai
shellfish ['ʃelfıʃ] Die Meeresfrüchte
shrimp [ʃrımp] Die Garnele
snail [sneıl] Die Schnecke
starfish ['stɑ:ˌfıʃ] Der Seestern
swordfish ['sɔ:dˌfıʃ] Der Schwertfisch
tortoise ['tɔ:təs] Die Schildkröte
turtle ['tɜ:tl] Die Schildkröte
walrus ['wɔ:lrəs] Das Walross
whale [(h)weıl] Der Wal

Colors Die Farben

yellow ['jeləʊ] gelb
green [gri:n] grün
blue [blu:] blau
brown [braʊn] braun
white [waıt] weiß
red [red] rot
orange ['ɔrındʒ] orange
pink [pıŋk] rosa
gray [greı] grau
black [blæk] schwarz

Size Die Größe

size [saız] Die Größe
small [smɔ:l] klein
big [bıg] groß
medium ['mi:dıəm] mittel
little [lıtl] klein
large [lɑ:dʒ] groß
huge [hju:dʒ] enorm
long [lɔŋ] lang
short [ʃɔ:t] kurz
wide [waıd] breit
narrow ['nærəʊ] eng
high [haı] hoch
tall [tɔ:l] groß
low [ləʊ] niedrig
deep [di:p] tief
shallow ['ʃæləʊ] flach
thick [θık] dick
thin [θın] dünn
far [fɑ:] weit
near [nıə] in der Nähe von

Materials Die Materialien

brick [brık] Der Ziegel
cardboard ['kɑ:dbɔ:d] Der Karton
clay [kleı] Der Lehm
cloth [klɔθ] Das Tuch
concrete ['kɔŋkri:t] Der Beton
glass [glɑ:s] Das Glas
leather ['lɛðə] Das Leder
material [mə'tı(ə)rıəl] Das Material
metal [mɛtl] Das Metall
paper ['peıpə] Das Papier
plastic ['plæstık] Der Kunststoff
rubber ['rʌbə] Das Gummi
stone [stəʊn] Der Stein
wood [wʊd] Das Holz
fabric [fə'brık] Der Stoff

Airport Der Flughafen

(air)plane [('ɛə)pleın] Das Flugzeug

airport ['ɛəpɔ:t] Der Flughafen
aisle [aɪl] Der Gang
armrest ['ɑ:mrɛst] Die Armlehne
backpack ['bækpæk] Der Rucksack
baggage ['bægɪdʒ] Das Gepäck
boarding ['bɔ:dɪŋ] Das Einsteigen
cabin ['kæbɪn] Die Kabine
carry-on ['kærɪɔn] Das Fortfahren
cockpit ['kɔkpɪt] Der Cockpit
customs ['kʌstəmz] Der Zoll
delay [dɪ'leɪ] Die Verzögerung
destination [ˌdɛstɪ'neɪʃ(ə)n] Das Reiseziel
emergency [ɪ'mɜ:dʒ(ə)n(t)sɪ] Der Notfall
flight [flaɪt] Der Flug
fuselage ['fju:z(ə)lɑ:ʒ] Der Rumpf
gate [geɪt] Das Gate
landing ['lændɪŋ] Die Landung
lavatory ['lævət(ə)rɪ] Die Toilette
life vest ['laɪfvɛst] Die Rettungsweste
liquid ['lɪkwɪd] Die Flüssigkeit
passenger ['pæs(ə)ndʒə] Der Passagier
passport ['pɑ:spɔ:t] Der Reisepass
runway ['rʌnweɪ] Die Startbahn
schedule ['ʃɛdju:l] Der Zeitplan
seat [si:t] Der Sitz
security, guard [sɪ'kjʊərɪtɪ, gɑ:d] Der Sicherheitsbeamte
suitcase ['s(j)u:tkeɪs] Der Koffer
tail [teɪl] Das Heck
takeoff ['teɪkɔf] Das Abheben
terminal ['tɜ:mɪn(ə)l] Der Terminal
ticket ['tɪkɪt] Die Fahrkarte
trolley ['trɔlɪ] Der Wagen
undercarriage ['ʌndəˌkærɪdʒ] Das Fahrwerk
visa ['vi:zə] Das Visum
window ['wɪndəʊ] Das Fenster
wing [wɪŋ] Der Flügel

Geography Die Erdkunde

area ['eərɪə] Der Bereich
capital ['kæpɪtəl] Die Hauptstadt
city ['sɪtɪ] Die Stadt
country ['kəntrɪ] Das Land
district ['dɪstrɪkt] Der Kreis
region ['rɪʤən] Die Region
state [steɪt] Das Bundesland
town [toʊn] Die Stadt
village ['vɪlɪʤ] Das Dorf
cape [keɪp] Das Kap
cliff [klɪf] Das Kliff
glacier ['glæsɪə] Der Gletscher
hill [hɪl] Der Hügel
mountain ['maʊntɪn] Der Berg
mountain chain - Die Bergkette / Bergkette -
pass [pas] Der Pass
peak [pɪk] Die Spitze
plain [pleɪn] Die Ebene
plateau ['plætəʊ] Das Plateau
summit ['səmɪt] Der Gipfel
valley ['vælɪ] Das Tal
volcano [vɔl'keɪnəʊ] Der Vulkan
desert ['dezət] Die Wüste
equator [ɪ'kweɪtə] Der Äquator
forest ['fərɪst] Der Wald
highlands ['haɪlənd] Das Hochland
jungle ['jəŋgəl] Der Dschungel
lowlands [ləʊland] Das Tiefland
oasis [əʊ'eɪsɪs] Die Oase
swamp ['swɔmp] Der Sumpf
tropics ['trəpɪk] Die Tropen

tundra ['tʌndrə] Die Tundra
canal [kə'næl] Der Kanal
lake [leɪk] Die See
ocean ['əʊʃn] Der Ozean
ocean current Die Meeresströmung
pool / pond Der Pool / Teich
river ['rɪvər] Der Fluss
sea [sɪ] Das Meer
spring [sprɪŋ] Die Quelle
stream [strɪm] Der Strom

Crimes Das Verbrechen

arson ['ɑ:sn] Die Brandstiftung
assault [ə'sɔ:lt] Der Angriff
bigamy ['bɪgəmɪ] Die Bigamie
blackmail ['blækmeɪl] Die Erpressung
bribery ['braɪbərɪ] Die Bestechung
burglary ['bɜ:glərɪ] Der Einbruch
child abuse [tʃaɪld ə'bju:s] Der Kindesmissbrauch
conspiracy [kən'spɪrəsɪ] Die Verschwörung
espionage ['espɪənɑ:ʒ] Die Spionage
forgery ['fɔ:dʒərɪ] Die Fälschung
fraud [frɔ:d] Der Betrug
genocide ['dʒenəsaɪd] Der Völkermord
hijacking ['haɪdʒækɪŋ] Die Entführung
homicide ['hɔmɪsaɪd] Der Mord
kidnapping ['kɪdnæpɪŋ] Die Entführung
manslaughter ['mænslɔ:tə] Der Totschlag
mugging ['mʌgɪŋ] Der Überfall
murder ['mɜ:də] Der Mord
perjury ['pɜ:dʒərɪ] Der Meineid
rape [reɪp] Die Vergewaltigung
riot ['raɪət] Das Randalieren
robbery ['rɔbərɪ] Der Raub
shoplifting ['ʃɔplɪftɪŋ] Der Ladendiebstahl
slander ['slɑ:ndə] Die Verleumdung
smuggling ['smʌglɪŋ] Der Schmuggel
treason ['tri:zn] Der Verrat
trespassing ['trespəsɪŋ] Das unerlaubte Betreten

Numbers Nummern

one [wʌn] eins
two [tu:] zwei
three [θri:] drei
four [fɔ:] vier
five [faɪv] fünf
six [sɪks] sechs
seven [‘sev(ə)n] Sieben
eight [eɪt] acht
nine [naɪn] neun
ten [ten] zehn
eleven [ɪ’lev(ə)n] elf
twelve [twelv] zwölf
thirteen [θɜ:’ti:n] dreizehn
fourteen [ˌfɔ:’ti:n] vierzehn
fifteen [ˌfɪf’ti:n] fünfzehn
sixteen [ˌsɪk’sti:n] sechzehn
seventeen [ˌsev(ə)n’ti:n] siebzehn
eighteen [ˌeɪ’ti:n] achtzehn
nineteen [ˌnaɪn’ti:n] neunzehn
twenty [‘twentɪ] zwanzig
twenty-one [ˌtwenɪ’wʌn] einundzwanzig
twenty-two [ˌtwenɪ’tʊ] zweiundzwanzig
thirty [‘θɜ:tɪ] dreißig
forty [‘fɔ:tɪ] vierzig
fifty [‘fɪftɪ] fünfzig
sixty [‘sɪkstɪ] sechzig
seventy [‘sev(ə)ntɪ] siebzig
eighty [‘eɪtɪ] achtzig
ninety [‘naɪntɪ] neunzig

one hundred [wʌn ‘hʌndrəd] einhundert
one hundred and one ...
einhundertundeins ...
two hundred zweihundert
one thousand [wʌn ‘θaʊz(ə)nd]
eintausend
one million [wʌn ‘mɪljən] eine Million

Ordinal numbers Ordnungszahlen

first [fɜ:st] erste
second ['sɛkənd] zweite
third [θɜ:d] dritte
fourth [fɔ:θ] vierte
fifth [fɪfθ] fünfte
sixth [sɪksθ] sechste
seventh ['sɛv(ə)nθ] siebte
eighth [eɪtθ] achte
ninth [naɪnθ] neunte
tenth [tɛnθ] zehnte
eleventh [ɪ'lɛv(ə)nθ] elfte
twelfth [twɛlfθ] zwölfte
thirteenth [ˌθɜ:'ti:nθ] dreizehnte
fourteenth [ˌfɔ:'ti:nθ] vierzehnte
fifteenth [fɪf'ti:nθ] fünfzehnte
sixteenth [ˌsɪk'sti:nθ] sechzehnte
seventeenth [ˌsɛv(ə)n'ti:nθ] siebzehnte
eighteenth [eɪ'ti:nθ] achtzehnte
nineteenth [ˌnaɪn'ti:nθ] neunzehnte
twentieth ['twɛntɪɪθ] zwanzigste
twenty-first ['twɛntɪ fɜ:st]
einundzwanzigste
twenty-second ['twɛntɪ 'sɛkənd]
zweiundzwanzigste
twenty-third ['twɛntɪ θɜ:d]
dreiundzwanzigste
twenty-fourth ['twɛntɪ fɔ:θ]
vierundzwanzigste
twenty-fifth ['twɛntɪ fɪfθ]
fünfundzwanzigste
twenty-sixth ['twɛntɪ sɪksθ]
sechsundzwanzigste
twenty-seventh ['twɛntɪ 'sɛv(ə)nθ]
siebenundzwanzigste
twenty-eighth ['twɛntɪ eɪtθ]
achtundzwanzigste
twenty-ninth ['twɛntɪ naɪnθ]
neunundzwanzigste
thirtieth ['θɜ:tɪɪθ] dreißigste
fortieth ['fɔ:tɪəθ] vierzigste
fiftieth ['fɪftɪɪθ] fünfzigste
sixtieth ['sɪkstɪɪθ] sechzigste
seventieth ['sɛv(ə)ntɪθ] siebzigste
eightieth ['eɪtɪəθ] achtzigste
ninetieth ['naɪntɪəθ] neunzigste
hundredth ['hʌndrədθ] hundertste
thousandth ['θaʊz(ə)ndθ] tausendste
millionth ['mɪljənθ] millionste

Buchtipps

Das Erste Englische Lesebuch für Anfänger Band 1 Zweisprachig mit Englisch-deutscher Übersetzung Niveaustufen A1 A2

Das Buch enthält einen Kurs für Anfänger und fortgeschrittene Anfänger, wobei die Texte auf Deutsch und auf Englisch nebeneinanderstehen. Die Motivation des Schülers wird durch lustige Alltagsgeschichten über das Kennenlernen neuer Freunde, Studieren, die Arbeitssuche, das Arbeiten etc. aufrechterhalten. Die dabei verwendete Methode basiert auf der natürlichen menschlichen Gabe, sich Wörter zu merken, die immer wieder und systematisch im Text auftauchen. Sätze werden stets aus den im vorherigen Kapitel erklärten Wörtern gebildet. Das zweite und die folgenden Kapitel des Anfängerkurses haben nur jeweils etwa dreißig neue Wörter. Die Audiodateien sind auf www.audiolego.com/Band_1.html inklusive erhältlich.

Das Erste Englische Lesebuch für Anfänger Band 2 Zweisprachig mit Englisch-deutscher Übersetzung Niveaustufe A2

Dieses Buch ist Band 2 des Ersten Englischen Lesebuches für Anfänger. Die dabei verwendete Methode basiert auf der natürlichen menschlichen Gabe, sich Wörter zu merken, die immer wieder und systematisch im Text auftauchen. Die Audiodateien sind auf www.audiolego.com/Band_2.html inklusive erhältlich.

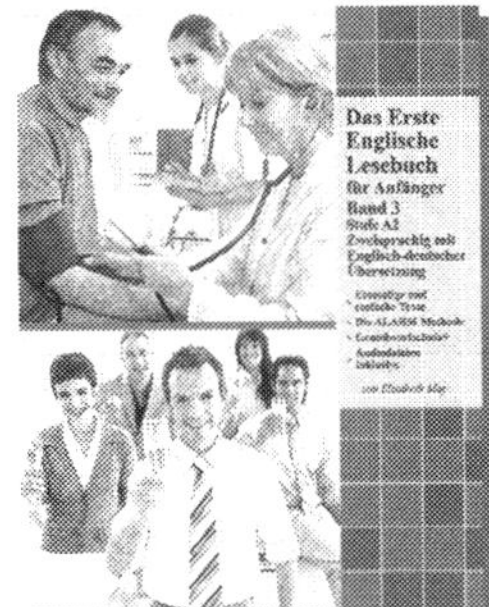

Das Erste Englische Lesebuch für Anfänger Band 3 Zweisprachig mit Englisch-deutscher Übersetzung Niveaustufe A2

Dieses Buch ist Band 3 des Ersten Englischen Lesebuches für Anfänger. Die dabei verwendete Methode basiert auf der natürlichen menschlichen Gabe, sich Wörter zu merken, die immer wieder und systematisch im Text auftauchen. Die Audiodateien sind auf www.audiolego.com/Band_3.html inklusive erhältlich.

Das Zweite Englische Lesebuch
Zweisprachig mit Englisch-deutscher Übersetzung
Niveaustufen A2 B1

Der Privatdetektiv ist hinter der Frau her, die er liebt. Ehemaliger Luftwaffenpilot, entdeckt er einige Seiten in der menschlichen Natur, mit denen er nicht zurechtkommen kann. Neue Worte werden im Buch von Zeit zu Zeit wiederholt, dadurch können Sie sich leichter an sie erinnern. Die Audiodateien sind auf www.audiolego.com/Band_4.html inklusive erhältlich.

Das Erste Englische Lesebuch für Kinder und Eltern
Zweisprachig mit Englisch-deutscher Übersetzung
Niveaustufe A1

Das Buch enthält einen Anfängerkurs für Kinder, wobei die Texte auf Deutsch und auf Englisch nebeneinander stehen. Mit dem ersten Kapitel gibt es Bilder und die ersten einfachen Vokabeln, aus welchen verschiedene Sätze gebildet wurden. Mit dem zweiten Kapitel kommen die nächsten Bilder und Vokabeln hinzu, bis im Laufe des Buches aus zusammengewürfelten Sätze, kleine Geschichten werden. Einfache Texte und ein ausgewählter und dosierter Grundwortschatz führen den Lernenden behutsam in die englische Sprache ein. Die Audiodateien sind auf www.audiolego.com/Band_11.html inklusive erhältlich.

Das Erste Englische Lesebuch für Kaufmännische Berufe und Wirtschaft
Zweisprachig mit Englisch-deutscher Übersetzung
Niveaustufen A1 A2

Der Inhalt des Buches ist aufgeteilt in 25 Kapitel, die auf die Stufen A1 und A2 des gemeinsamen europäischen Referenzrahmen vorbereiten sollen. In jedem Kapitel wird eine Anzahl an Vokabeln vermittelt, die anschließend direkt in kurzen, einprägsamen Sätzen und Texten veranschaulicht werden. Dabei handelt es sich durchgehend um alltagstaugliches Material für Berufssituationen wie Telefonate, Besprechungen, Geschäftsreisen und Geschäftskorrespondenz. Die Audiodateien sind auf www.audiolego.com/Band_12.html inklusive erhältlich.

Das Erste Englische Lesebuch für Medizinische Fachangestellte
Zweisprachig mit Englisch-deutscher Übersetzung
Niveaustufen A1 A2

Bei diesem Lehrbuch handelt es sich um ein Lesebuch für medizinische Fachangestellte und Patientenbetreuung. Dementsprechend behandeln die Lektionstexte und Vokabeln auch Themen wie Patientengespräche, Diagnostik, die Beschreibung von Symptomen und vieles mehr, was man im Kontakt mit Ärzten und Patienten braucht. Die Lektionen sind in mehrere Blöcke unterteilt: Vokabelliste mit Lautschrift und Übersetzung, kurze Übungsdialoge und zweisprachige Texte und meistens im Anschluss einige Verständnisfragen zu den Gesprächsinhalten. Die Audiodateien sind auf www.audiolego.com/Band_13.html inklusive erhältlich.

Das Erste Englische Lesebuch für Studenten
Zweisprachig mit Englisch-deutscher Übersetzung
Niveaustufen A1 A2

Das Buch enthält einen Kurs für Anfänger und fortgeschrittene Anfänger, wobei die Texte auf Deutsch und auf Englisch nebeneinander stehen. Die Dialoge sind praxisnah und alltagstauglich. Die Audiodateien sind auf www.audiolego.com/Band_10.html inklusive erhältlich.

Das Englische Lesebuch zum Kochen
Zweisprachig mit Englisch-deutscher Übersetzung
Niveaustufen A1 A2

Lernt man eine Sprache, hilft die Bekanntheit mit einem Thema, eine Verbindung zwischen zwei Sprachen herzustellen. Rezeptanleitungen, zusammen mit leichten Fragen und Antworten, zeigen den Gebrauch dieser Wörter und Sätze. Es könnte Ihren Appetit anregen oder Englischlernenden wie Ihnen helfen, ihre Kenntnis in einem bekannten Umfeld der Küche zu verbessern. Die Audiodateien sind auf www.audiolego.com/Band_9.html inklusive erhältlich.

Erste Englische Fragen und Antworten für Anfänger
Zweisprachig mit Englisch-deutscher Übersetzung
Niveaustufen A1 A2

Das Buch enthält einen Kurs für Anfänger und fortgeschrittene Anfänger, wobei die Texte auf Deutsch und auf Englisch nebeneinander stehen. Das Buch enthält viele Beispiele für Fragen und Antworten im Englischen. Sätze werden stets aus den im vorherigen Kapitel erklärten Wörtern gebildet. Die Audiodateien sind auf www.audiolego.com/Band_5.html inklusive erhältlich.

Das Erste Englische Lesebuch für Familien
Zweisprachig mit Englisch-Deutscher Übersetzung
Niveaustufen A1 A2

Das Buch enthält eine Darstellung der englischen Gespräche des täglichen Familienlebens, wobei die Texte auf Englisch und auf Deutsch nebeneinander stehen. Die dabei verwendete Methode basiert auf der natürlichen menschlichen Gabe, sich Wörter zu merken, die immer wieder und systematisch im Text auftauchen. Die Audiodateien sind auf www.audiolego.com/Band_15.html inklusive erhältlich.

Thomas's Fears and Hopes
Plain Spoken English with Idioms
Bilingual for Speakers of German
Pre-intermediate Level B1

Thomas war zu seines Vaters Beerdigung nach Georgia heimgekehrt. Er wurde informiert, dass er das ganze Vermögen bekommen würde, denn er war ein Einzelkind. Da passierten einige Ereignisse, die ihm eine Furcht einjagten. Die Audiodateien sind auf www.audiolego.com/Band_6.html inklusive erhältlich.

Fremde Wasser
Zweisprachig mit Englisch-deutscher Übersetzung

Stufe B2

Mitgründer eines Zwei-Mann-Unternehmens zu sein hat seine Vor- und Nachteile. Das kalte Wasser der Selbsttätigkeit ist aber nicht für jedermann geeignet. Die Audiodateien sind auf www.audiolego.com/Band_7.html inklusive erhältlich.

Das Erste Touristische Lesebuch für Anfänger
Zweisprachig mit Englisch-Deutscher Übersetzung
Niveaustufe A1

Das Lesebuch ist der ideale Begleiter für alle, die Sprachen unterwegs lernen wollen. Das Buch enthält am häufigsten gebrauchten Wörter, einfache Sätze und Redewendungen, um sich schnell zu verständigen. Die Audiodateien sind auf www.audiolego.com/Band_14.html inklusive erhältlich.

Who lost the money? Wer verlor das Geld?
Das Erste Englische Lesebuch für Stufen A1 A2
Zweisprachig mit Englisch-Deutscher Übersetzung

Der erste Teil des Buches erklärt mit Beispielen den grundlegenden Satzbau der englischen Sprache. Der zweite Buchteil stellt einen Krimi dar. In der Anlage finden Sie die Liste der 1300 wichtigsten Wörter. Die Audiodateien sind auf www.audiolego.com/Band_16.html inklusive erhältlich.

Unexpected Circumstance
Zweisprachig mit Englisch-Deutscher Übersetzung
Niveaustufe B2

Die forensische Wissenschaft war eine von Damien Morins Leidenschaften. Inzwischen betraf das erste wirkliche Verbrechen, dass er untersuchte, seine eigene Vergangenheit. Die Audiodateien sind auf www.audiolego.com/Band_8.html inklusive erhältlich.

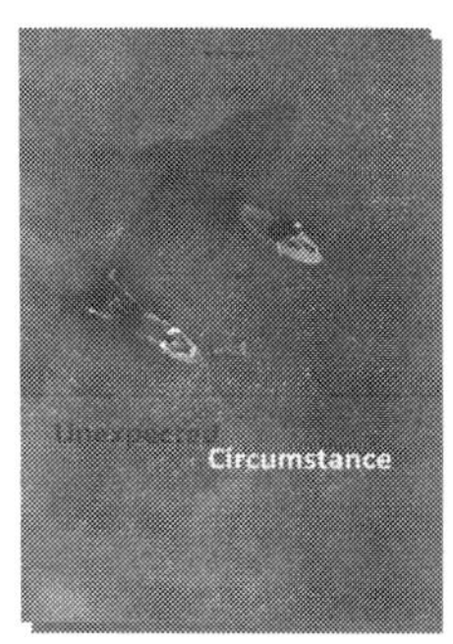